U0528025

# 读懂政策

COMPREHEND THE POLICY

胡森林 孙国徽 曹原 等 ◎著

中国出版集团
中国民主法制出版社

全国百佳图书
出版单位

## 图书在版编目（CIP）数据

读懂政策 / 胡森林等著. — 北京：中国民主法制出版社，2023.6
ISBN 978-7-5162-3256-9

Ⅰ.①读… Ⅱ.①胡… Ⅲ.①政策—研究—中国 Ⅳ.①D601

中国国家版本馆CIP数据核字（2023）第100293号

**图书出品人：**刘海涛
**出版统筹：**石　松
**责任编辑：**张佳彬　高文鹏　刘险涛

**书　　名**/ 读懂政策
**作　　者**/ 胡森林等 著

**出版·发行**/中国民主法制出版社
**地址**/北京市丰台区右安门外玉林里7号（100069）
**电话**/（010）63055259（总编室）　63058068　63057714（营销中心）
**传真**/（010）63055259
**http：**// www.npcpub.com
**E-mail：**mzfz@npcpub.com
**经销**/新华书店
**开本**/32开　850mm×1168mm
**印张**/8.5　**字数**/120千字
**版本**/2023年9月第1版　2023年9月第1次印刷
**印刷**/北京中科印刷有限公司

**书号**/ISBN 978-7-5162-3256-9
**定价**/48.00元
**出版声明**/版权所有，侵权必究。

（如有缺页或倒装，本社负责退换）

# 目 录

**第一部分　从政策制定端，把握政策基点**

第一章　何谓政策　/ 003

　　一、政策是什么　/ 004

　　二、与政策有关的表述　/ 007

第二章　政策主体　/ 015

　　一、党在政策过程中的主导作用　/ 016

　　二、为什么说政策和策略是党的生命　/ 017

　　三、制定政策的机构　/ 020

　　四、政策的作用　/ 023

**第二部分　从政策决策端，把握政策取向**

第三章　议题选定　/ 031

　　一、从重要性和紧迫性两个维度确定政策议题　/ 032

　　二、从空间和时间两种属性区分政策议题　/ 043

第四章　政策酝酿　/ 051

　　一、政策酝酿案例分析　/ 051

　　二、科学决策以调查研究为先导　/ 056

　　三、政策落地前需试点探索　/ 061

　　四、准确把握政策取向与政策要点　/ 062

　　五、酝酿政策时如何权衡利益　/ 069

第五章　意见征集与反馈　/ 073

　　一、征集意见是决策科学化的基础　/ 074

　　二、征集意见方面的典型案例　/ 076

第六章　政策出台与实施　/ 093

　　一、好政策应具备哪些要素　/ 094

　　二、推进政策实施与执行落地　/ 096

　　三、政策落地的影响因素　/ 098

　　四、地方政府的政策创新与探索　/ 104

## 第三部分　从政策文本端，把握政策内涵

第七章　政策性文件　/ 117

　　一、政策与政策性文件　/ 117

　　二、规范性政策文件　/ 120

　　三、规范性政策文件的特点　/ 124

四、规范性政策文件的制发要求　/129

**第八章　政策撰写规范　/137**

　　一、写作步骤："五步法"　/138

　　二、政策文件的撰写要求　/140

　　三、必要性、人民性、有效性、可行性　/143

　　四、政策性文件撰写的注意事项　/148

　　五、政策性文件的质量评判标准　/151

**第九章　政策文本分析　/159**

　　一、政策文本分析要义　/160

　　二、正确分析、理解、把握政策文本　/165


## 第四部分　从政策接受端，把握政策效果

**第十章　政策研究　/181**

　　一、政策研究范畴　/182

　　二、公共政策研究　/186

　　三、如何做好政策研究工作　/188

**第十一章　政策受众　/205**

　　一、政策与受众的关系　/206

　　二、受众怎样准确把握政策文件　/207

　　三、受众怎样有效利用政策　/211

四、政策与政策受众的相互影响　/218

**第十二章　政策评估　/221**

　　一、政策评估的内涵　/222

　　二、公共政策评估分类　/225

　　三、政策评估标准　/228

　　四、政策评估方法　/234

　　五、完善政策评估制度体系　/238

**第十三章　政策调整与修订　/245**

　　一、政策调整的背景和主要情形　/245

　　二、政策调整取得效果的必要保障　/251

　　三、从"双碳"政策优化看政策调整脉络　/257

　　四、政策调整的提前预判及评估　/262

**后　记　/265**

第一部分

# 从政策制定端,把握政策基点

何谓政策

政策主体

# 第一章　何谓政策

> 没有政策,党和国家机器就不能正常运转,一切社会生活都会停滞。对个人而言,政策到底与我们有什么关系?怎样才能读懂与自己息息相关的政策?研究政策对我们有什么帮助呢?

政策是党和国家治国理政的重要手段,在我国政治生活中起着重要作用。上至中央,下到基层,政策几乎统领了经济社会发展、国计民生、内政外交等各个领域,像空气一样,环绕在国家治理的每一个角落。比如,中共中央、国务院发布关于加快建设全国统一大市场的意见,中国人民银行、国家外汇管理局出台 23 条政策举措助力疫情防控和经济社会发展,重庆出台促进工业经济平稳增长若干政策措施，上海虹口发布疫情防控期间医疗服务保障措施，深圳发布最新出行防疫政策等，这些关乎国家治理、党的决议和政府工作的"大"事，都是通过政策进行部署。再比如，从出生、上学、工作、退休到辞世，人的一生都不同程度地受到政策影响。像生育政策、招生政策、就业政策和养老金政策，这些身边的"小"事也都需要政策来规范。

## 一、政策是什么

"政策"是不好定义的一个词。很多人经常将它和路线、方针、策略、制度、法律、文件等词语混在一起使用，也有人将方针、路线、原则、制度等都称为政策。

那么，政策到底是什么呢？这是本书要探讨和厘清的一个问题。

在回答这个问题之前，需要先了解一下政策在我国国家治理体系中的地位和作用。中国特色社会主义进入新时代，我国大力推进基于"国家治理效能"的改革，特别是自党的十八届三中全会提出"国家治理体系和治理能力现代化"这一重大命题以来，经由党的十九届四中全会专题研究并作出决议，国家治理体系和治理能力现代化已成为统领各项工作的主题主线。

具体来说，"国家治理能力主要体现为政府和公共权力机构及其他组织对一切相对行为予以规制和管控的能力"[①]，这种能力的体现是制度和政策的制定与执行，也就是制度和政策交互作用产生的结果。可以看出，政策是国家治理的重要工具，在国家治理体系中发挥着不可替代的作用。在现代国家治理中，对国家总体资源加以配置、协调经济社会活动及相互关系，制定制度和实施政策是通行做法。在我国宪法当中，有两处提到政策，其中一处特别重要："自治区、自治州、自治县的自治机关行使宪法第三章第五节规定的地方国家机关的职权，同时依照宪法、民族区域自治法和其他法律规定的权限行使自治权，根据本地方实际情况贯彻执行国家的法律、政策。"这说明了政策是宪法肯定的规范形式，是类似法律但又在法律位阶之下的规范。

关于"政策"的研究源远流长。据有关学者考证，在我国古代，"政策"一词最早是分离的，由汉字中的"政"与"策"两个字组合而成。"政"见于《论语·颜渊》："政者，正也。""正"的本义为"规范""控制"。"策"见于《说文·竹部》："策，马筴也。""策"引申为"督促""激励"。"政"与"策"合为"规范的计谋"。也有人认为"政策"是"政治决策"的简称。

---

[①] 燕继荣：《新冠肺炎疫情防控与中国治理效能》，《中央社会主义学院学报》2020年第3期。

对于其含义，有很多种定义，学者们从不同视角出发，给出了不同的界定，本书不打算在各种大同小异的定义之外，再给一个大同小异的定义。从实际发挥作用的情况出发，我们觉得《辞海》对政策的解释很有代表性，也比较符合我国实际情况。

《辞海》里对政策的解释是："国家、政党为实现一定历史时期的路线和任务而规定的行动准则。"从这个定义可以看出，政策具有以下特点：（1）国家和政党是制定政策的典型和主要主体；（2）政策是贯彻路线和完成任务的行动准则；（3）政策的目的是"实现路线和任务"。

虽然这个定义很具有代表性，但在实际生活中，制定政策的主体不仅仅是国家和政党，一般的社会组织和团体也会制定政策。比如，中国残疾人联合会是人民团体，制定了大量保障残疾人权益的政策。再比如，供水、供电、供气、供热等和人民群众息息相关的领域的政策，通常都是负责该领域的公共企事业单位制定的。这也是有人以此来区分"政策"和"公共政策"的缘由之一。

本书所研究的"政策"，从政策的内容和内涵出发，为了解决某一时期的某一问题，具有广泛覆盖面，影响大多数人的利益，是由政府机关制定的规则或者采取的措施。也可以理解为，不是"一般"的政策，而是具有"公共性"的政策。具体就是，政府机关制发的各类文件中具有政策性的文件。这类政策性文件的存在，对贯彻实行法律法规、实现法治国家具有重要的意义和价值。

## 二、与政策有关的表述

### （一）政策与公文

《党政机关公文处理工作条例》对党政机关公文的定义是："党政机关实施领导、履行职能、处理公务的具有特定效力和规范体式的文书，是传达贯彻党和国家的方针政策，公布法规和规章，指导、布置和商洽工作，请示和答复问题，报告、通报和交流情况等的重要工具。"公文种类主要包括决议、决定、命令（令）、公报、公告、通告、意见、通知、通报、报告、请示、批复、议案、函和纪要等15种。

政策与公文很多时候是内容和形式的关系，公文是政策的载体，政策要依靠公文的规范体式来发挥效力，但并不是所有的公文都承载着政策的内容。比如，国务院发布的人事任免通知，它虽然以"通知"的公文形式发布，但只是行政决定中的一个法定程序，公文本身并不直接指向具体政策内容。另外，政策也并非都以公文的形式表现出来，有些政策经过实践检验通过法定程序转化为法律，有些政策表现为各种"规划"和

"纲要"。比如，我们国家每五年都要制定的国民经济和社会发展规划，就是制定有关措施的政策依据。

## （二）政策与"红头文件"

"红头文件"因套着象征权威的"红头"而得名，泛指党政机关发布的措施、指示、命令等规范性文件，既不是法规，也不是规章，是立法之外制定发布的具有普遍约束力的规则的统称，长期以来是各级机关实施管理活动的重要抓手。比如，2012年印发的《中国共产党党内法规和规范性文件备案规定》就将党内的某些"红头文件"称为"规范性文件"，并且指出，党内规范性文件指党组织在履行职责过程中形成的具有普遍约束力、在一定时期内可以反复适用的文件。

实践中，"红头文件"的产生数量最多、使用范围最广，乱发文、出台"奇葩"文件的现象时有发生。在政府机关，"红头文件"指的是行政规范性文件。比如，国务院办公厅2018年印发的《国务院办公厅关于加强行政规范性文件制定和监督管理工作的通知》提到了行政规范性文件的含义："行政规范性文件是指除国务院的行政法规、决定、命令以及部门规章和地方政府规章外，由行政机关或者经法律、法规授权的具有管理公共事务职能的组织依照法定权限、程序制定并公开发布，涉及公民、法人和其他组织权利义务，具有普遍约束力，在一定期限内反复适用的公文。"

具体来说，政策是以"红头文件"形式发布的，政策一定是"红头文件"，但"红头文件"不一定是政策，文件可以公开，也可以不公开，不公开的不能称为政策。"红头文件"可以是乡镇一级的，可以是市政府、省政府一级的，也可以是国家一级的；可以是具有普遍约束力，在一定期限内反复适用的，也可以是具有通知性质的；可以是政府部门下发的，也可以是党政部门联合下发的。区分"红头文件"与政策，主要看"红头文件"是否具有普遍约束力，能否在一定期限内反复适用。比如，《国务院关于同意枣庄市建设国家可持续发展议程创新示范区的批复》，这个文件只针对枣庄市建设国家可持续发展议程创新示范区具有规范效力，对其以外的地区不具有约束力，也不具有反复适用性，不应当称之为政策。

### （三）政策与制度

制定制度和实施政策以应对和解决问题是现代国家治理的通行做法，二者是国家治理的一体两翼。从本质上讲，制度是一种规范。我们通常所说的"家有家规，党有党纪，国有国法"，这里的家规、党纪、国法就是制度。其实，还可以把制度分为正式制度和非正式制度，正式制度一般指立法机关确定和发布的规则，表现为法律、规章、规定或者是细则。非正式制度一般指日常生活中运用的规则，表现为习惯、风俗、民约等。实际上，如果把制度看作政策形成的机制和程序，那么，政策就是制度运行的结果。如果把制度视为政策执行的规则，那么，制度就是政策实施的工具和手段。如果把制度看作是政策的外壳，那么政策赋予制度实质内容和方向，政策赋予制度灵魂。我们经常会看到，党政部门为了解决某一个跨部门的问题而建立起联席会议制度，这个联席制度发挥作用就是靠发布政策文件这个载体来具体实施。比如，2022年7月，国务院办公厅发布《国务院办公厅关于同意建立数字经济发展部际联席会议制度的函》，函的附件之一是《数字经济发展部际联席会议制度》，明确了开会的频率、召集人、工作规则等。这就是典型的用政策文件来落实制度实施。在国家治理中，良好的制度与良好的政策相匹配，才能产生最好的治理效能。

### （四）政策与规章

我们在生活中经常使用"规章"一词。规章指的是规则章程。规章是一个立法术语，首次出现是在我国1982年颁布的宪法中。规章是为执行法律规范而对之作出的具体、细化规定，虽然是法律规范的一种形式，但在法律体系上不能构成一个层次，实际属于一种政策，它的效力次于法律、行政法规，而高于行政规范性文件。规章分为国务院部门制定发布的部门规章和地方人民政府制定发布的地方政府规章，制定主体有400个，全国设区的市以上政府都可以制定，县级政府没有规章制定权。2022年11月底，国家规章库建成上线，可以查询到国家所有现行有效规章。

## （五）政策与法律

社会行为规范有很多种，法律与政策、习惯、道德等其他规范不同，它是由国家制定或者认可的，以权利义务为主要内容，体现国家意志，并以国家强制力为后盾的社会行为规范。在我国，法律所体现的国家意志是党的主张和人民意志的高度统一。政策有党的政策、国家政策之分。区分政策与法律，不能简单地只拿党的政策或者国家政策来区分，因为制定主体不一样，区别会很大。一般来说，政策和法律有三种关系。

一是法律之上的政策。法律界称之为法律指导性政策，这并不意味着政策可以高于法律，而是说在一定情况下，法律的制定或者实施可能受到政策的影响。党的政策中，如党的二十大报告、十九大报告、十九届三中全会决定、十九届四中全会决定、十九届五中全会决定、十九届六中全会决定等，往往成为国家法律法规立改废释授权的直接依据，有的甚至成为修改宪法的依据（如设立国家监察委员会制度）。比如，2017年9月，中央政治局会议决定启动宪法修改工作，成立宪法修改小

## 读懂政策

组。2018年1月,在充分征求党内外意见建议的基础上,党的十九届二中全会专门讨论了宪法修改问题;1月26日,中共中央向全国人大常委会提出《中国共产党中央委员会关于修改宪法部分内容的建议》;1月29日至30日,十二届全国人大常委会召开第三十二次会议,讨论了党中央修宪建议,全票通过了全国人大常委会关于提请审议宪法修正案草案的议案和宪法修正案草案,决定提请十三届全国人大一次会议审议。2018年3月,十三届全国人大一次会议第三次全体会议高票表决通过了《中华人民共和国宪法修正案(草案)》。这正是党的主张通过法定程序转化为法律,从而指导国家生活的生动例子。

所以,制定和实施法律必须以党的政策为指导,这也是在国家活动中坚持党的领导的体现。再比如,我们每一部法律的出台,都会受到立法政策的影响,像全国人大通过的"五年规划",文件中列的任务目标都需要通过具体的立法和制定相应的政策来实现。

二是法律中的政策。对于法律没有规定的事项,如果已在法律中授权制定政策,则可以在授权范围内制定政策。比如,《中华人民共和国固体废物污染环境防治法》第三十二条规定:"国务院生态环境主管部门应当会同国务院发展改革、工业和信息化等主管部门对工业固体废物对公众健康、生态环境的危害和影响程度等作出界定,制定防治工业固体废物污染环境的技术政策，组织推广先进的防治工业固体废物污染环境的生产工艺和设备。"这里实际上是授权生态环境保护部门牵头制定政策防治工业固体废物污染环境。

三是法律之下的政策。这是将政策作为法律的补充规范，或者说是具体体现，我们生活中接触的政策基本都是这种类型。比如，2018年国务院办公厅印发了《关于全面推行行政规范性文件合法性审核机制的指导意见》，这是第一次从国家层面对行政规范性文件合法性审核机制的主体、范围、程序、职责、责任等作出全面系统的规定。以后制定出台政策要符合法律要求，必须进行合法性审查。我国是一个人口众多、幅员辽阔的大国，各地的政治经济文化发展不平衡，法律不可能对各种具体情况都规定得非常周密和详尽，法律以及国家方针的贯彻执行，需要地方结合具体情况，采取针对性的政策。

# 第二章　政策主体

中国共产党是我国各项事业的领导核心，是最高政治领导力量。党领导人大、政府、政协、监察机关、审判机关、检察机关、武装力量、人民团体、企事业单位、基层群众自治组织、社会组织等。简单来说，党政军民学，东西南北中，党是领导一切的。中国共产党作为执政党，在政策过程中发挥着主导性作用。

## 一、党在政策过程中的主导作用

政策的主导性作用,首要体现在怎样实现党的领导上。党的文献指出:"党的领导主要是政治、思想和组织领导,通过制定大政方针,提出立法建议,推荐重要干部,进行思想宣传,发挥党组织和党员的作用,坚持依法执政,实施党对国家和社会的领导。"[1] 从文献的表述可以看到,党不仅从政治上、思想上、组织上进行领导,还通过制定大政方针,提出各项政策主张,实现党的领导,指导国家活动。前面已经举过相关的事例,为了能充分阐述,再举一个例子。比如,2020年3月,中央政治局常委会、中央政治局先后召开会议,决定党的十九届五中全会重点研究"十四五"规划建议问题。2020年10月,党的十九届五中全会审议通过《中共中央关于制定国民经济和社会发展第十四个五年规划和二〇三五年远景目标的建议》。中央全会后,国务院"十四五"规划《纲要草案》编制工作领导小组全面对标对表中央建议精神,实化量化"十四五"时期经济社会发展主要目标和重大任务,起草形成规划纲要草案,并提请十三届全国人大四次会议审查。2021年3月,十三届全国人大四次会议表决通过了关于国民经济和社会发展第十四个

---

[1] 胡锦涛:《在首都各界纪念全国人民代表大会成立50周年大会上的讲话》,人民出版社2004年版,第12—13页。

五年规划和2035年远景目标纲要的决议。这份重磅文件，确定了未来5年乃至15年中国发展的行动蓝图。从党的十九届五中全会到2021年全国两会，党的主张通过法定程序转化为国家意志，实现党领导国家经济社会生活。

所以说，在整个"政策链条"上，由党的决议或者说党的主张产生的中央文件构成了国家各级单位政策产生的合法来源。

## 二、为什么说政策和策略是党的生命

毛泽东指出："政策和策略是党的生命，各级领导同志务必充分注意，万万不可粗心大意。"[1] 长期以来，党的政策是党动员人民、组织人民和领导人民的重要法宝，是党夺取政权和巩固政权的有力武器。中国共产党百年奋斗历程总结出的科学结论，政策和策略是党的生命，这也是解决时代问题、应对百年变局的一把钥匙。

中华人民共和国成立初期。重政策、轻法律、以政策代替法律规范，是党领导革命在长期战争中形成的习惯。彭真曾指出："拿我们党来讲，革命战争期间，主要是靠政策办事，注重的是政策，没有依法办事的习惯。还有，我国经历了几千年

---

[1] 《毛泽东选集》第四卷，人民出版社1991年版，第1298页。

的封建社会，封建残余思想至今影响着我们。"[1]他还分析了这种政策领导方法的形成原因："在战争时期，党也好，军队也好，群众也好，注意的是党的政策……那时，只能靠政策。当然，我们根据地的政权也有一些法，但有限，也很简单。""一件事情来了，老百姓总是问，这是不是党的政策？毛泽东同志在党的七大开会期间，对各地的同志讲过，中央给你们的就是政策。当时，农村根据地长期被敌分割，交通不便，党中央给各地的，概括起来可以说就是政策。这不对吗？依靠政策，最后经过解放战争，三年半消灭了国民党八百万军队，把三座大山推翻了。"[2]

这种观念即使在取得政权后，仍没有多大改变，习惯用政策，法律被忽视。因此，法律服从于政策、依赖政策成为新中国成立初期就确立的一项法治建设原则。如新中国成立之初，中共中央发布的《关于废除国民党〈六法全书〉和确定解放区司法原则的指示》指出："人民的司法工作不能再以国民党的《六法全书》作依据，而应该以人民的新的法律作依据。在人民的新的法律还没有系统地发布以前，则应该以共产党的政策以及人民政府与人民解放军所已发布的各种纲领、法律、命令、

---

[1] 《彭真文选》，人民出版社1991年版，第534页。
[2] 《彭真文选》，人民出版社1991年版，第491页。

条例、决议作依据。"[1]在这段时期，国民党政府法典被完全废除，我们自己的立法机关还不成熟，没有时间也没有能力短时期内完成社会各个领域的立法。因此在很长一段时期，我国许多领域处于法律规范的真空状态，政策即成为社会治理的主要手段。

计划经济时期。新中国在政权稳固后即开始全面建设计划经济，而政策是适应计划经济管理的一种有效手段。在计划经济体制下，各级政府制定政策引导社会发展，企业经营的好坏、部门利润的高低、收入待遇的改善，不依赖于人们的经营和管理成效，而是在很大程度上取决于国家政策。长期以来，与这样的经济体制相适应，我国始终秉承着"政策为主、法律为辅"的观念对社会进行治理。立法以政策为指导，体现政策的内容和精神，法律规范是政策的定型化、条文化，是对政策的再加工。

社会主义市场经济时期。随着我国市场经济体制的建立，经济运行模式和资源分配原则发生了根本性变革，公共政策与法律规范的关系亦随之转变。法律规范和公共政策作为治理社会的两种重要手段，相互影响，缺一不可。在法治社会中，虽然传统的"政策为主、法律为辅"的模式受到质疑，但我们

---

[1] 中共中央文献研究室编：《文献和研究（一九八四年汇编本）》，人民出版社1986年版，第241页。

并不能否认公共政策存在的必要性。即使在西方法治发达的国家,治理社会仍然离不开公共政策的使用。在诸多社会领域中,如环境保护、社会福利、经济发展、社会安全、就业促进等,调整临时性问题、应对突发性事件、实施法律规范,公共政策凭借其灵活、高效、实时的优势,发挥着法律规范不可替代的作用。①

从这三个阶段来看,党的政策是法律的灵魂和依据,对法律的制定和执行有指导作用,党的政策发展是随着人民对法律的认识深化而逐渐深化的,政策和法律都是进行国家治理的重要手段。但不容置疑的是,党的政策和国家的法律有着统一的指导思想、政治方向和利益基础,本质上都是人民根本意志的反映。

## 三、制定政策的机构

党的政策是党在政治活动中为实现一定的目的而作出的政治决策,而有权制定党的政策的机构是党的中央组织和党中央部门。根据党章规定,党的中央组织包括:党的全国代表大会和它产生的中央委员会、中央纪律检查委员会;由中央委员会全体会议选举产生的中央政治局、中央政治局常务委员会;由

---

① 刘庆飞、李佳耀:《公共政策与法律规范关系研究》,《政府法制研究》2018年第4期。

中央委员会决定的中央军事委员会，以及由中央政治局常务委员会提名、中央委员会全体会议通过的中央书记处。

根据共产党员网（中央组织部主管）的介绍，党中央部门包括：中央纪律检查委员会、国家监委机关、中央办公厅、中央组织部、中央宣传部、中央统战部、中央对外联络部、中央政法委员会、中央政策研究室、中央国家安全委员会办公室、中央网络安全和信息化委员会办公室、中央军民融合发展委员会办公室、中共中央台湾工作办公室、中央财经委员会办公室、中央外事工作委员会办公室、中央机构编制委员会办公室、中国共产党中央委员会中央和国家机关工作委员会。

党的地方组织和基层组织制定的政策是不是党的政策？一般我们提到的"党的政策"是覆盖全党范围的。党的地方组织和基层组织虽然也会制定政策，但多是执行党的政策的具体措施，不能称之为"党的政策"。另外，除了中国共产党，我国还有8个民主党派，他们主要是通过协商会、座谈会等方式，从参政议政、民主监督和政治协商这三个方面参与国家政策制定。

党的政策通常以决议、决定、讲话、报告、意见、通知等类型的规范性文件为载体发布，而通常以"准则、条例、规则、规定、办法、细则"为标题的文件称之为党的法规。

国家机构也是重要的政策主体。国家是一个由许多机构所组成的互相联系的有机整体，是一个系统。这个系统从横向上看是政权组织形式问题，主要是中央政府由哪些机关构成及其相互关系；从纵向看上是结构形式问题，主要是中央与地方的关系问题。

当国家作为政策制定主体时，制定出来的政策应该是国家政策，而国家政策是哪些机构制定出来的呢？这里，"国家机构"是一个关键词。人们普遍认为，国家机构是指为了实现国家职能而建立起来的国家机关的总称，也就是说，国家机构是国家机关的总和，而国家机关是国家机构中的某一类或某一个组织，是国家机构的构成单位。我国宪法第三章的章名就叫"国家机构"。我国国家机构由八个机关构成：全国人民代表大会、中华人民共和国主席、国务院、中央军事委员会、地方各级人民代表大会和地方各级人民政府、民族自治地方的自治机关、监察委员会、人民法院和检察院。

从我国宪法看，我国国家机关有中央国家机关和地方国家机关之分。在逻辑上，中央和地方国家机关都有权制定政策，但是，从我国具体实际情况看，能代表国家制定政策的，是中央国家机关，具体是指全国人民代表大会和全国人民代表大会常务委员会、国家主席、国务院、中央军事委员会、国家监察委员会、最高人民法院、最高人民检察院。

然而，在所有中央国家机关中，政府无疑具有压倒一切的重要性。在广大人民群众眼中，党的机关、人大机关、行政机关、政协机关以及法院和检察院都是政府，不会作太清楚的区分。而狭义的政府则仅仅指国家的行政机关。一般说来，当人们使用"政府机关"这个概念时，多是指狭义的政府即国家的行政机关，更为狭义的则只用来指中央行政机关，就是指国务院。国务院是中央人民政府，是最高国家权力机关的执行机关，是最高国家行政机关，实施国家政治决策、管理国家行政事务和各行政职能部门的机关。另外，大家都知道，在权力运行体制中，执行权往往容易成为一种实权。所以说，政府是政策的主要制定者。

人民团体和社会组织也可以制定政策，但是这种政策有很大的局限性，很多是为了约束或者达到某种目标的措施，实施和约束的范围有限，不在本书讨论的范围。

## 四、政策的作用

政策的相关方还包括政策执行者、政策受众与影响人群，我们可以从政策的作用来看相关方之间的关系。

政策是现代国家最为常见和有效的治理工具，必须有效制定，才能为执行机关所知悉和执行，才能得到社会公众的支持与配合，从而顺利实施，有效实现国家治理。从现实情况看，我国是单一制国家，政府机构具有明显的层级化、集权化特点。因此，在中央、省（市、自治区）、市、县和乡镇构成的政府体制中，由上级政府及相关部门制定的政策，直接通过政策落实和政策执行等方式，迅速传达到下级政府及相关部门。政策主要有以下几个方面的作用。

## （一）治国理政

政策作为工具是达成特定目的的措施，是党治国理政的重要手段。政策贯穿在政治、经济、社会、文化和生态环境各个领域之中，是将顶层战略、中层策略和基层操作结合起来的关键纽带。党的十八大以来，党中央先后提出"五位一体"总体布局和"四个全面"战略布局，提出创新、协调、绿色、开放、共享的新发展理念，在这些宏观战略部署下，政策作为将战略转换为行动的中介，将政治价值和宏观战略转化为具体行动，进行有效的国家治理。比如，在新冠疫情防控政策制定和执行中，中共中央印发了《关于加强党的领导、为打赢疫情防控阻击战提供坚强政治保证的通知》，中央应对新冠肺炎疫情工作领导小组印发了《关于全面落实进一步保护关心爱护医务人员若干措施的通知》《关于进一步做好疫情防控期间困难群众兜底保障工作的通知》等文件，提出了"疫情就是命令，防控就是责任""联防联控""关心爱护医务人员""困难群众兜底保障"等一系列指导性要求。这些指导性要求又被迅速制定成了相关政策，国家卫生健康委员会牵头成立国务院应对新型冠状病毒肺炎疫情联防联控工作机制，统一制定发布关于疫情防控的全国政策。全国上下按照党中央和国务院应对新型冠状病毒肺炎疫情联防联控机制的要求，制定比较细的防控政策。由此，通过从上到下的系统性政策链条，将疫情防控政策信息从中央政府向基层政府和社会公众传播，形成了统一指挥、全面部署、立体防控的战略布局，使庞大的政治系统被活跃的政策执行输入了强有力的弹性和适应性，有效遏制了疫情大面积蔓延，使抗击新冠疫情斗争取得重大战略成果，充分展现了我国社会主义制度的显著优势。

### （二）规范作用

政策本身就是行为规范和规则，它规定了对象应该做什么，能做什么以及不应当做什么和不能做什么。它主要规范的是政府机关。政府机关行政也有一定的规则，政策是规范具体行政行为的主要方式。比如，《国务院关于加强数字政府建设的指导意见》这个文件主送机关是"各省、自治区、直辖市人民政府，国务院各部委、各直属机构"，也就是说，这个文件是发给各地各部门政府机关进行贯彻执行的，而不是发给某个人某个企业组织的。各地各部门政府机关要结合自身实际，制定推动工作落实任务的细化方案。在这个意义上，政策是政府定的，但也是"管"政府的。可是，从表面上看是规范政府机关行为，实际上政府机关执行推动这些政策措施，会影响到我们每个人，与每个人息息相关。又比如，国家卫健委从2020年至今已经发布了十版新型冠状病毒肺炎防控方案，虽然发给了"各省、自治区、直辖市及新疆生产建设兵团应对新型冠状病毒肺炎疫情联防联控机制（领导小组、指挥部），国务院应对新型冠状病毒肺炎疫情联防联控机制各成员单位，中国疾控中心"，要求这些机关按照相关要求执行，但是对我们每个人了解、掌握、遵守防疫政策都有很大影响。所以说，政策也必须公开，让公众知晓。让公众去监督政府机关执行政策效果如何，也是一种重要的规范方式。

## （三）布置任务

政策的一个重要作用是布置任务，即上级要求下级完成某些工作任务，这是通过设置政策目标对微观层面的事务做出具体安排，目的是完成某项特定的工作。我国地方政府的权力源于中央授权，地方政府接受中央政府的统一领导。这种领导与被领导关系、命令与服从关系决定了上级政府及部门，尤其是中央政府及各部门可通过行政权威指令性推动特定政策的广泛扩散和实行。比如，国务院办公厅印发的《全国自建房安全专项整治工作方案》，目的是对危及公共安全的经营性自建房快查快改、立查立改，及时消除各类安全风险，遏制重特大事故发生。文件要求相关部门力争用3年左右时间完成全部自建房安全隐患整治。国务院办公厅通过发布工作方案，明确了需要做什么、怎么做、由谁做、具体要求和目标效果等政策措施，要求各地各部门政府机关，组织开展"百日行动"，达到全面消除自建房安全隐患，保障人民群众生命财产安全和社会大局稳定的作用。也正是一个个具体任务的完成，党和国家制定的宏大规划才得以贯彻落实。

### （四）调节作用

现代社会能够对社会资源进行配置的力量不外乎两种：一种是市场的力量，市场通过调节价格，达到有效率的资源配置；一种是政府的力量，政府通过制定政策弥补市场失灵，更好发挥作用。政府一般是通过制定产业政策、财政和货币政策等宏观调控政策，间接或直接地作用于资源配置，将资源有目的地配置到相应领域，促进该领域生产规模的扩大和发展，需要强调的是，政府的作用只是调控，而不是主导。比如，在经济处于短期周期性波动时，我国经常使用货币、财政以及税收政策进行宏观调控。在促进经济长期增长时，经常会运用供给侧方面政策和产业政策等。不容置疑的是，我国在利用政策进行资源调动、税费征收、对市场主体的管制等方面，都是世界上最强的。比如，1982年浙江省义乌市制定了一项政策，即著名的"四允许"：允许农民经商、允许长途贩运、允许放开城乡市场、允许多渠道竞争。这一政策的核心是给予农民自主生产经营的自由与权利。此后10多年，义乌发生了惊人的变化，一跃成为闻名世界的小商品生产和交易的中心。

### （五）促进法律的执行和实施

虽然法治是市场经济发展的基础，但是法律不可能对所有领域所有行业进行规范，所以，需要法律赋予政府一定的权力履行职责。一般来说，对于法律已经规定的事项，政府要制定政策来落实法律的内容。对于法律没有规定的事项，在符合法治精神的前提下，一般要制定相关政策进行规范，这类政策在我们生活中大量存在。相对于法律，政策的灵活性在于，可以根据不同发展阶段、经济周期、风险状况、财力状况，使政府制定的财政政策、货币政策、产业政策、区域政策等既符合长期的法律，又符合短期经济运行特点，既促进经济增长，还能履行宏观调控、市场监管、公共服务、社会管理、保护环境等政府职责。特别是对已经实施了一段时间，而且实践证明行之有效的政策，相关法制部门一般会制定法律、行政法规或者规章。

## 第二部分

# 从政策决策端，把握政策取向

议题选定

政策酝酿

意见征集与反馈

政策出台与实施

## 第三章　议题选定

> 什么样的问题会成为重要政策议题？什么样的议题会让决策者下定决心推出政策？具体到一个政策，为什么它会获得优先关注，为什么在某个时点推出？为解答这些问题，本书试图构建两个分析框架。

政府的行政资源总是有限的，而要解决的问题则是众多的。在众多待解决的问题中，每一个政策议题的确定，都理应有足够坚实的理由，才能凸显出它的重要性，才会被提上决策者的议事日程，才会在与其他议题的"竞争"中胜出，成为优先考虑的问题。

## 一、从重要性和紧迫性两个维度确定政策议题

按重要性和紧迫性两个维度，对不同的潜在议题进行区分，可以分为四个象限，见下图。

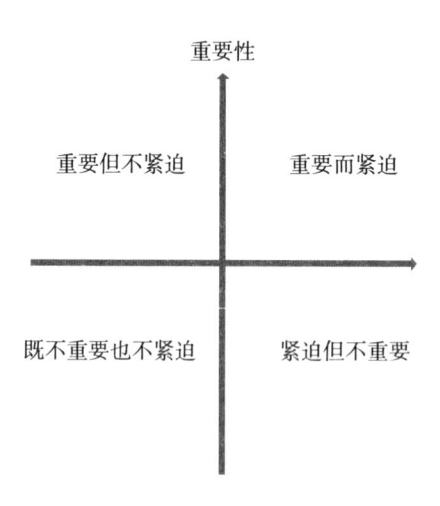

```
              重要性
               ↑
   重要但不紧迫  |  重要而紧迫
               |
  -------------+------------→
               |
   既不重要也不紧迫 | 紧迫但不重要
               |
```

从图中可以看出，不同的议题可以分为重要而紧迫、重要但不紧迫、紧迫但不重要、既不重要也不紧迫四个类型。绝大部分的问题都可以划入这四个象限中。

毫无疑问，用这样两个维度来衡量，重要而紧迫的事是最需要优先考虑的。

重要性和紧迫性的判断依据是什么？我们可以从客观和主观两个方面来理解。从客观来讲，一件事情重要在于它的影响力强、牵涉面广、关注程度高、实际效应大；一件事情紧迫在于它不能拖延，一旦越过临界点会由量变到质量。

而从主观来讲，判断一件事情是否重要或紧迫取决于人的主观认知，包括部分社会人群的普遍看法及共识，但更重要的是重要人物，即关键决策者的认识和主张。

我们可以以朱镕基在上海任市长时推出的"一个图章"改革为例，看看重要而紧迫的政策案例。

20世纪80年代，一批又一批的外商蜂拥而至，投资热情高涨。但当时上海市政府各部门条块分割严重，审批手续繁琐、周期冗长。一个合资项目审批最多得盖126个图章，涉及5个委办、20个局。对外商来说，既不清楚办理程序也不清楚办理时限，一个一个部门审批跑下来，真可谓是疲于奔波、劳民伤财、效率低下，严重挫伤了外商投资热情，影响了上海的投资环境。

面对改革开放大背景和上海投资环境的严峻现实，在党中央、国务院支持下，上海市委、市政府作出决策和部署，下决心解决外商投资管理的问题，决定组建具有综合性和权威性的外商投资管理机构"上海市外国投资工作委员会"，以打破体制束缚、提高办事效率，改善投资环境，加大吸引外资的力度。

1988年6月10日，上海市政府在锦江饭店举行新闻发布会，宣布"上海市外国投资工作委员会"（以下简称"上海外资委"）成立。

## 读懂政策

根据高效、精简、务实的原则,上海外资委的机构职能确定为:贯彻执行国家有关外商投资法律法规,实施国家产业政策;对全市外商投资项目进行宏观指导和管理,统一审批全市外商直接投资项目;为外国投资者推介上海的投资环境和政策,协调解决外商投资企业在筹建和生产经营过程中遇到的问题。

首任上海市外资委主任由时任上海市市长朱镕基担任,副市长担任副主任,另设常务副主任主持工作,委员由市政府计委、经委、建委、外经贸委副主任担任;机构抽调有关委办局的得力干部到各个处室工作。将外商投资涉及的项目产业导向、项目可行性、技术改造和进出口、项目土地、规划、能源、环保等政府各个部门的审批事项,均由外资委"一个窗口"集中受理、审批、协调,外资项目只要取得外资委"一个图章"的批复即可设立。

这一改革被简称"一个机构、一个窗口、一个图章",上海外资委也因此被称为"一个图章"机构。

上海外贸协会副会长朱文斌透露,上海外资委的成立开创了全国外商投资管理体制改革的先河,也成为全国为突破体制束缚、改善投资环境、简化审批手续而进行的政府机构改革的样板。

上海外资委成立当年,即出现了外商投资热潮,新设外商投资项目219个，比以往几年的平均数高出2倍，之后连续三年保持稳步增长的势头。

事实上，外资委敢为人先、敢于担当，写下一个个创举。比如，争取亚洲开发银行贷款，先后解决了上海南浦大桥、杨浦大桥久未落实的建设资金，使当时上海最大的城市建设项目得以顺利启动。

上海外资委成立后的10年，上海吸引外资项目总数18474个，合同外资339.7亿美元，实到外资239.94亿美元，比1988年之前的总和分别增长了35倍、34倍、29倍，直接利用外资迅速发展，一大批有影响的外资企业落户上海。[1]

这段经历在《朱镕基上海讲话实录》中有完整的记载。1988年3月21日，朱镕基在上海市党员负责干部会议上指出："上海一定要改善投资环境，简化审批手续，'一个机构、一个图章'对外。"[2]

1988年4月25日，他在上海市九届人大一次会议上讲话时再次就这个问题发表意见："我昨天看简报，嘉定县代表提出意见，说嘉定县已经实行了'一个图章'，但是在江泽民同志的报告里没有提，害怕我们又缩回去了，是不是碰到困难又不

---

[1] 《30年前上海成立外资委，把项目审批的126个图章化为1个》，澎湃新闻2018年9月12日。
[2] 《朱镕基上海讲话实录》，人民出版社2013年版，第32页。

敢实行'一个图章'了？我在这里代表江泽民同志郑重声明，江泽民同志是完全支持'一个图章'的。这一点我们是有决心做的，……我考虑这件事情要经过周密的准备，因为真正实现'一个图章'必须成立一个新的机构，靠老的机构是不行的。要把各个部门主管项目审批的人都调到这个新机构里来，这样才有权威……在这个机构里面就盖这一个章。"[1]

1988年5月12日，上海市外国投资工作委员会召开第一次预备会议，朱镕基出席并讲话："振兴上海的希望很大程度寄托在市外国投资工作委员会这个机构上。说老实话，上海靠一年14亿元解决不了大问题，不采取大动作把上百亿美元外资吸引进来，上海的根本面貌改变不了。……上海将来的希望主要在浦东。开发新区，要靠你们高效率的工作，提高上海投资环境的名声。"[2]

从上述的新闻稿和讲话实录可以看出，推行"一个图章"改革，进而建立外国投资工作委员会，对当时的上海来说，是重要而紧迫的事情。重要性在于其直接影响上海引进外资的效率，影响经济的发展，是"振兴上海的希望"，迫切性在于由于审批手续繁琐、周期冗长，已经严重挫伤了外商投资热情，影响了上海的投资环境，到了迫在眉睫必须解决的地步。从中

---

[1] 《朱镕基上海讲话实录》，人民出版社2013年版，第46—47页。
[2] 《朱镕基上海讲话实录》，人民出版社2013年版，第78—79页。

央到上海市委市政府，从县人大代表到外商投资者，都高度关注这一问题，说明大家对这一重要而紧迫的问题达成了共识，所以自然摆在了重要议事日程上，得到了优先考虑和解决。

重要而紧迫的事情应该优先考虑，那么，在紧迫但不重要和重要但不紧迫两类政策议题中，哪一种应该排在前面？

我们认为，答案是紧迫但不重要的事情。其理由在于，重要性代表一件事值得做，做了有很大的益处和红利。而紧迫性意味着一件事必须马上做，一旦迁延时日，会带来严重后果。好比一个人，保持身体健康很重要，而消除迫在眉睫的生命危险很紧迫，那肯定是先"救命"，再"健身"。

下面这则政策分析文章，有助于我们理解这一观点。

疫情对总供给和总需求都产生了冲击，哪个政策选项最为紧迫、有效且成本较低？"对症下药"的政策首推社会救助政策。

新冠疫情对经济造成的影响，不是典型意义的总供给冲击或总需求冲击，而是非经济因素即公共卫生危机冲击。这一冲击通过影响总需求和总供给，造成各经济体陷入不同程度的衰退。由新冠病毒传染力强这一特点所决定，活动限制成为防控防治的主要手段。在疫情暴发阶段，这一举措有其必要性和合理性。但是，这一防控举措对服务业产生了直接影响，从事服务业的多为低收入和中低收入群体以及小微企业，因此疫情对这些群体的影响是比较大的。基于这一现实，"对症下药"的政策首推社会救助政策。

**什么是社会救助政策**

社会救助制度是国家社会保障体系的组成部分。在一般情况下，社会救助政策是国家和社会对由于各种原因陷入生存困境的公民，给予财物接济和生活扶助，以保障其最低生活需要的政策。我认为，在特殊情况下，如在当前遭受重大疫情的情况下，社会救助政策中的"公民"，还应包括企业公民，这里主要指小微企业。"最低生活需要"，应包括最低生产需要。必须特别强调，这是非常时期的非常之举，并不适用于正常时期。

社会救助政策的政策目标是社会稳定和社会公平，这正是当下所迫切需要的。社会救助运用精准"滴灌"的方法，用钱少、效果好、见效快；不同于货币政策的量化宽松和财政政策的政府举债，社会救助资金来自国家财政预算，属转移支付性质，不存在回收问题，故基本没有后遗症。

**疫情冲击的特点及影响**

在经济学的视野中，经济运行在短期遭遇外部冲击有两种类型：总供给冲击，典型的例子是石油危机；总需求冲击，典型的例子是金融危机。来自这两个方面的冲击都可能导致不同程度的经济波动,严重时出现衰退和萧条。这次疫情对总供给和总需求两个方面都产生了冲击:总供给方面,企业不能正常开工;到可以开工时,需求端的冲击传导到了供给端,致使订单骤然消失;总需求方面,人的活动受到限制,相关经济活动停摆。

疫情冲击的影响,是经由对正常人活动限制这个基本特点产生的。活动限制,影响最大的是服务业。这是因为,服务的生产和消费通常是同时发生的。这种不可分性要求服务生产者和消费者不能与服务在时间和空间上分割开来。就像买了飞机票或健身卡的消费者,不能不上飞机,或不到健身房。如果限制上飞机、不能或不敢去健身房,那么,生产和消费就同时消失了。

服务业是最大的就业池。而且,大部分服务行业是劳动密集型的,是低收入和中低收入群体集中就业之所在。服务业的员工收入,大多是绩效部分大于固定部分,这就意味着,不开工、开工了没有生意,或生意不好,员工就基本没有绩效收入,进而收入锐减,导致生活水平下降,甚至陷入生活困难。

值得注意的是,还有一类归入服务业的小微企业受到较大冲击。它们是从事研发服务的新创企业(start-up)即 0—1 的企业。在创新驱动的背景下,它们是未来经济发展的潜力所在。在正常情况下,它们通过接受多轮投资,研发新技术、新模式、新产品或新服务。然而，疫情冲击导致融资越发艰难，获得项目机会更少，它们自身又基本不产生现金流，困境不难想见。

**为什么社会救助政策相对有效**

面对这一突如其来的危机，人们习惯性地想到加大宏观经济政策力度，以期对冲急剧的经济下滑。然而，就像看病，你得对症下药。非经济因素导致内需和外需在短时间内都萎缩了，刺激政策会如期见效吗？我们现在并不能确定这个非经济因素的持续时间，尤其是当疫情全球蔓延以后，刺激政策到底要多大规模、多长时间？这些问题很重要，但都无法回答。显然，应对总供给冲击或总需求冲击的宏观经济政策，不仅会造成政策无效，而且将产生不同程度的后遗症。经过2008年的金融危机，人们对大规模刺激以及短期政策长期化可能造成的问题都不会太陌生。

针对现在的问题，我们有多个政策选项，但哪个最为紧迫、有效，且成本较低？如果我们上面的判断，即"低收入者和小企业亟须救助"成立，那么，实施社会救助政策，并扩展其外延，加大其力度，就是正确的选择。

最为重要的是，中国经济的基本面是健康的，我们对中国经济的未来是有信心的。因此，完全有理由相信，只要大批有发展潜力的小企业存活下来了，广大低收入和中低收入群体的信心稳住了，疫情后中国经济的元气会很快得到恢复，并继续向着高质量发展的目标前行。[1]

疫情带来的影响是广泛而深远的，从政策面要考虑的事情也很多，从经济角度说，保市场主体、保就业是非常紧迫的事情。正是基于这一认识，疫情发生以后，党中央、国务院已经出台一系列与社会救助有关的政策。中央应对新型冠状病毒感染肺炎疫情工作领导小组《关于进一步做好疫情防控期间困难群众兜底保障工作的通知》、国务院办公厅《关于应对新冠肺炎疫情影响强化稳就业举措的实施意见》、财政部和国家发展改革委《关于新型冠状病毒感染的肺炎疫情防控期间免征部分行政事业性收费和政府性基金的公告》、国家发展改革委办公厅《关于疫情防控期间采取支持性两部制电价政策 降低企业用电成本的通知》、民政部《关于贯彻落实中央部署要求扎实做好受疫情影响困难群众基本生活保障工作的通知》、国家发展改革委等六部门《关于进一步做好阶段性价格临时补贴工作的通知》等文件，都是在社会救助政策上着力，包括了多项对个人和企业的具体救助。

重要但不紧迫的议题，也值得关注。紧迫性与否，在不同的时间点上得出的结论不一样，因为主客观条件不一样，理念思想与社会环境不一样，所谓此一时彼一时，一时不紧迫，不

---

[1] 陈宪:《疫情对总供给和总需求都产生了冲击,哪个政策选项最为紧迫、有效且成本较低？》,上观新闻 2020 年 4 月 12 日。

代表永远不紧迫。或者可以说，由于其重要性，这类问题在政策视野里是始终要加以关注的，一旦条件成熟或者紧迫性上升，就应该及时出台相关政策。

环保政策就是一个很典型的例子。学者江小涓在《江小涓学术自传》一书中有这样的分析：

以近些年力度很大的环境保护措施为例，虽然恶劣环境事件不断发生，舆情反映各个方面的意见都很大，加快治理的诉求迫切。但真的要行动时，就有许多担心和疑问，例如影响了经济增长、增加了投入、承担了过多的全球责任等。这些争论各有道理和立场，道理还可以讨论，但立场不容易改变，说理并不能解决分歧。况且学者们的观点也不一致，前提和结论并不相同。一方的观点认为，严格的环境保护措施既无经济效益也无社会公平，影响经济效益好理解，影响社会公平的逻辑是富人讲究生活质量，穷人却更需要增加收入，因此环境保护偏向富人的诉求。另一方的观点则认为，环境公平既有公平也有效益，富人有办法保护自己，例如只饮瓶装水、只吃进口食品甚至移居等，而穷人只能承受污染的种种恶果；同时，恶劣环境影响健康，大量的医疗费用支出会抵消从经济增长中获得的福利。最终并不是争议中的各方统一了认识，而是最高层下决心必须解决严重的环境污染问题，做出了"绿水青山就是金山银山"的判断，此后严格的环保措施才能出台和有效实施。

可见，即使如环境保护这样今天觉得如此重大的议题，在社会认识和决策意志上也会一度存在摇摆。在不同的意见交锋难以达成一致时，其出台的必要性就无法形成共识，直到最高层认为其已经严重到必须解决的时候，才会用政策的决断取代理论上的争论。

## 二、从空间和时间两种属性区分政策议题

按空间（全局性/局部性）和时间（持续性/阶段性）两种属性进行分类，不同的潜在议题按此也可以分为四个象限，见下图。

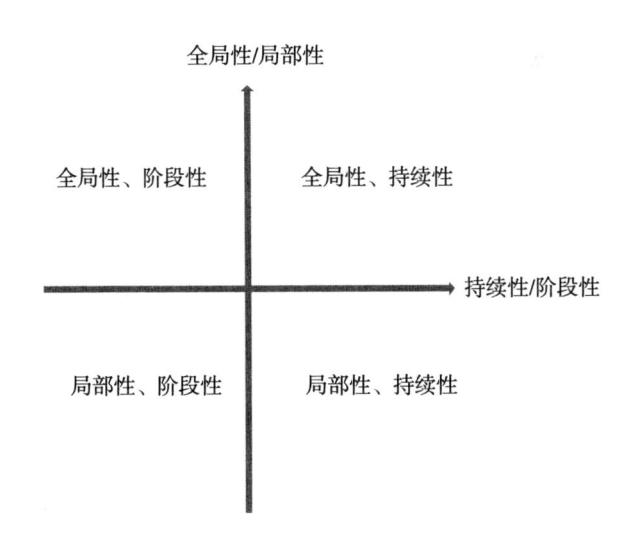

```
              全局性/局部性
                  ↑
    全局性、阶段性 │ 全局性、持续性
                  │
──────────────────┼──────────────────→ 持续性/阶段性
                  │
    局部性、阶段性 │ 局部性、持续性
                  │
```

清人陈澹然说："不谋全局者，不足以谋一域；不谋万世

者,不足以谋一时",这说明了全局思维和战略思维的重要性。在政策制定中,同样需要从空间的广延性和时间的持久深远性来把握议题重要与否及其效应。

第一种是具有全局性和持续性的议题。一则,这类问题是全局性的而非局部的,影响是全面而广泛的。二则,这类问题具有持续性,是常说常新的,在不同时期有不同的重点,而无法毕其功于一役。

比如,政府职能转变问题一直是我国行政体制改革的重要内容,广受社会各界关注,而且政府职能转变是伴随着政府机构改革不断推进的,相应地呈现出持续性、渐进性的特征。改革开放以来我国进行的比较大规模的政府机构改革分别是在1982年、1988年、1993年、1998年、2003年、2008年、2013年和2018年。经过改革,全能型政府、管制型政府的理念逐渐被有限型政府和服务型政府所取代。近几年,政府推动部门和地方"简政放权、放管结合、优化服务"(简称"放管服"),是推动政府职能深入转变、极大激发市场活力的战略举措,更是一场刀刃向内的政府自身革命,将涉及理念、体制机制、工作方式等深刻变革。

正如中共中央党校(国家行政学院)李丹所概括的那样:"党的十八大以来,我国政府职能转变以深化行政审批制度改革为突破口,取消和下放了权力,尤其是审批权,加强市场监管，不断优化公共服务，取得了突破性的进展，推进了政府治理体系和治理能力的现代化。较之前几个阶段，这一阶段我国政府职能转变的特点主要体现在：一是将政府职能转变作为全面深化改革的重要内容，对政府职能进行全面重塑，着力于构建科学的政府职能体系；二是将放管服改革作为转变政府职能的重要抓手，放权、管理、服务齐头并进；三是将坚持以人民为中心作为转变政府职能的重要原则，更多地重视民生因素和人民的获得感，提升人民对服务型政府的满意程度。"[1]

再看国企改革，作为深化改革的重要一环，是激发经济主体内在活力和经济发展动力的主要突破口。由于国企大多处于关系国计民生的重要行业，在经济全局中具有重要影响力，其改革政策体现了较强连续性。例如，今天所熟知的"抓大放小"的改革方针早在1982的政府工作报告中就有体现；又如，股份制改革试点内容于1988年的政府工作报告中就已写入，股份制改革在21世纪初期完成。

李政在《改革开放40年国企改革的基本逻辑与宝贵经验》一文中概括，改革开放以来的国企改革40年，大致可以分为四个历史时期：从1978年到1988年，是国家对国有企业经营管理方式进行改革的时期，主要包括放权让利和两权分离等内

---

[1] 李丹：《改革开放以来我国政府职能转变的发展历程与趋势》，《山东行政学院学报》2019年第3期。

容；从1988年到1998年，是国有企业的制度改革时期，主要包括转换企业经营机制、建立现代企业制度与国有企业重组等内容；从1998年到2012年，是国有资产监督管理体制改革时期，国企改革主要包括国有经济战略性调整、设立国资委、完善国有企业法人治理结构、垄断行业改革等内容；2012年党的十八大召开至今，是深化国企改革时期，主要以分类改革为前提，鼓励国有企业在主业上做大做强做优，同时剥离国有企业办社会职能，解决历史遗留等问题，健全市场化经营机制。可见，国企改革是持续动态往前推进的过程，时至今日，国企改革仍处于深水区，需要进一步完善国企现代企业制度建设和深化改革。

第二种是具有全局性特点但是带有明显阶段性的问题，影响的范围是广泛的，但主要矛盾具有累积性，能够一次性较大程度地得到解决。

比如，有一段时间由于某明星与网友交流时的"翻车"事件，使学术造假和学术不端问题广受关注。学术诚信问题直接影响到学术研究的公信力，也影响学术成果质量和年轻人的价值观，不仅是国内学术界的大问题，在国际上也造成不好的影响，算得上是全局性的大问题。如果"放过"这样的问题，其负面影响会一直存在，而如果通过政策加以规范，就能有所改变和矫正。

《江小涓学术自传》中讲道，当时，问题的性质和程度都不易判断，相关部门一时没有定论，甚至有"放过"的迹象。清华大学的薛澜教授对问题进行了深入分析，认为需要认真处理，并提出了工作建议，切实推动了相关工作。有关部门出台了相应政策，对学术诚信起到了规范和促进作用。

再比如，人才引进问题。我国作为后发国家，出台政策吸引国外留学深造的高端人才学成归国，为国家建设效力，无疑对提升科学技术水平、带动人才队伍建设都有全局性的重要作用。但根据不同时期的需要，政策也具有阶段性的特点。

新中国成立以来，有两个重要时期在引进国际化高端人才上体现了较大的政策力度。一是新中国成立初期为了满足建设的迫切需要，国家热情召唤留学海外的科学家回国参加社会主义建设，钱学森、郭永怀等一大批科学家回到祖国的怀抱，在各条战线上发挥了重要作用。二是新世纪以来，出于科技自主创新和国家战略发展的需要，着眼于国际人才流动的新趋势，我国在人才政策上不再是单方面"送出去"，而是加大了"引进来"力度，以高校、研究机构、企业为主体，大力吸引和引进留学人员、华裔科学家甚至外籍科学家，聚天下英才为我所用。

第三种是针对局部问题，但带有动态更新的持续性特点的政策。

局部性可能体现在空间上，也可能体现在领域上，它直接作用的是总体中的一部分，但会对全局产生影响，而且这些问题不是一个阶段性的议题，而是持续发展变化的，每个时期的主要矛盾不一样，需要针对性施策。

从空间的局部性说，最典型的是民族政策。我国是一个多民族国家，少数民族在人数上占的比例不大，全国也只有五个自治区以及一些自治州、县，民族政策看起来只对民族地区和少数民族群体有直接影响，但它在我国政策体系中有着极为重要的作用。在坚持民族平等、维护民族团结、实施民族区域自治等大的政策原则下，我国建立了涉及政治、经济、文化、教育、科技、卫生、风俗习惯等方面的民族政策体系，包括中央政策、地方政策两个层级，而且根据不同时期民族工作的重点和各民族不同的特点，持续对政策加以优化完善。

从领域的局部性上说，比如，价格改革。价格是重要的经济杠杆，我国经历了从计划经济的价格体系和价格管理体制向市场经济的价格体系和价格管理体制的转换过程，虽然有时改革只在价格一个领域，但价格改革的成效往往与经济大势、国计民生息息相关。不同时期价格改革的重点有所不同，但无论是医疗、教育等公共服务产品的价格变化，还是电、水、油气等资源性商品的价格改革，总体上都是为了使价格遵循市场规律，既体现价值又反映供求关系和资源稀缺程度，让市场在资源配置中起决定作用。

第四种是带有局部性和阶段性特点的议题。

比如,党的十八大以来,中共中央、国务院出台了《关于进一步完善中央财政科研项目资金管理等政策的若干意见》《关于优化科研管理提升科研绩效若干措施的通知》等一系列优化科研经费管理的政策文件和改革措施,有力地激发了科研人员的创造性和创新活力,促进了科技事业发展。虽然这些政策对科研人员而言非常重要,但整体上说它是局部性的政策,与它无涉的人群不会关注和受其影响;这也是阶段性的,具有"一批政策解决一个问题"的特点。

再比如,我国从改革开放之初设定的特区政策,以及相应的外向型经济发展政策,也具有局部性和阶段性的特点。从局部性上说,处于沿海地区的特区政策,无法运用于地域特点迥异的内陆地区,毕竟在新疆、青海等地招商发展"三来一补"产业,由于运输距离等原因,是没有多少效益可言的。从阶段性来说,特区政策本质上是一种探索性的"窗口政策",等到其成效显现出来以后,国家从发展大局着眼,会以区域发展战略滚动的方式,带动各个地区的发展,特区政策也就逐渐被别的政策所取代了。

# 第四章　政策酝酿

> 在时代的坐标上，政策酝酿必然讲究"天时地利"，只有应时所需、顺势而行、乘机而上，政策落地后才会焕发出蓬勃的生命力。

任何政策出台前都会经历一个酝酿过程。政策酝酿是赋予政策使命感和价值感的重要环节。

## 一、政策酝酿案例分析

### （一）兴办深圳特区

让我们先以设立经济特区为例，回顾一下这项重大决策的酝酿过程。

  兴办经济特区，是党和国家为推进改革开放和社会主义现代化建设进行的伟大创举。1978年12月，党的十一届三中全会作出把党和国家工作中心转移到经济建设上来、实行改革开放的历史性决策。然而，要彻底解放生产力，必须在改革开放方面寻找一个支点。1979年4月，广东省委负责人向中央领导同志提出兴办出口加工区、推进改革开放的建议。邓小平明确指出，还是叫特区好，中央可以给些政策，你们自己去搞，杀出一条血路来。同年7月，党中央、国务院批准广东、福建两省实行"特殊政策、灵活措施、先行一步"，并试办出口特区。1980年8月党和国家批准在深圳、珠海、汕头、厦门设置经济特区，1988年4月又批准建立海南经济特区，明确要求发挥经济特区对全国改革开放和社会主义现代化建设的重要窗口和示范带动作用。1990年4月，中共中央、国务院高瞻远瞩，作出了开发上海浦东的重大战略决策，成就了如今长三角地区经济繁荣的局面。深圳等经济特区的成功实践证明，党中央关于兴办经济特区的战略决策是完全正确的。

  我国的改革开放政策制定和实施的过程，比较充分地体现了渐进决策模型的特点。正如学者郭渐强、方放在其主编的《公共政策分析》一书中所言，当时中国改革开放可以说是史无前例的，一切改革开放措施对于当时的中国来说都是新的尝试，而在这之前中国一直模仿借鉴其他社会主义国家的制度政策。因此，改革的每一步都是探索，要及时总结和改进，一步一步走稳才能一步一步走强。只有处理好了稳定、改革和发展三者的关系，我国的改革开放事业才能取得最终的胜利。采取渐进式改革开放方式是充分考虑了我国国情、从实际出发作出的重大的决策。这种先易后难，从薄弱环节突破，再啃硬"骨头"的做法，有利于保持社会稳定，体现了渐进决策模式的优势。

### （二）退耕还林

退耕还林政策的酝酿亦是历时弥久，同样根植于当时的历史背景。20世纪90年代，由于盲目毁林开垦和进行陡坡地、沙化地耕种，造成我国严重的水土流失和风沙危害，洪涝、干旱、沙尘暴等自然灾害频发，人民群众的生产生活受到严重影响，国家的生态安全受到严重威胁。退耕还林还草、改善生态环境，丰富的自然资源才能得到保护、开发和利用，才能有利于引进国内外资金、技术和人才，加快地区发展步伐。而且，退耕还林还草、提高林草覆盖率，也是根除长江和黄河水患、防治土地荒漠化的治本之策，对于实现全国可持续发展具有重大意义，是利在当代、惠及子孙的百年大计。

当时，粮食出现了阶段性的供过于求，正是以粮换林的有利时机。1999年,四川、陕西、甘肃3省率先开展了退耕还林试点,由此揭开我国退耕还林的序幕。《朱镕基讲话实录》(第三卷)记录了朱镕基1999年9月6日至12日在四川省考察工作时的这样一段话:"实施天然林保护工程是去年特大水灾以后,中央作出的重大决策。尽管天然林保护我们已经喊了多少年,但是,还没有形成全国的共识。说老实话,如果财政支出结构不调整,就没有钱来干这个事情。另外,如果不是粮食连续四年丰收,粮食过剩,也没有这个条件,谁也不敢提出来'退耕还林,以粮代赈'。正因为我们国家有了实力,大水一来统一了我们的认识。去年,中央及时地作出了保护天然林的决策,包括退耕还林、移民建镇等,看来很有效。……所以,关于实施天然林保护工程的决策在去年能够出台,是有各种条件的,主观认识的统一和客观条件的具备,才可能提出这样一个关系子孙后代的方针。"[1]

当时,退耕还林之所以难以形成共识,一个重要影响因素就是老百姓担心粮食安全。因此,千方百计把国家无偿向退耕户提供粮食、现金、种苗的补助政策具体落实到户,是保证退耕还林政策得以顺利实施的关键一环。基于此,该政策的着眼点就是充分调动广大群众的积极性,保护农民利益,绝不能让

---

[1] 《朱镕基讲话实录》第三卷,人民出版社2011年版,第322—323页。

农民饿着肚子去退耕还林还草、建设生态环境。2000年7月26日至27日，国务院西部地区开发领导小组在北京召开中西部地区退耕还林还草试点工作会议，讨论了《国务院关于进一步做好退耕还林还草试点工作的若干意见》（征求意见稿）。朱镕基在这次会议上强调："在退耕还林还草工作中，一定要充分考虑和妥善安排退耕农民的生活出路，把退耕还林还草与解决农民的长远生计以及合理调整农业结构结合起来。这是各地退耕还林还草工作得以顺利进行，并能够巩固和发展的重要保障。同时，无论是粮食、现金补助政策还是个体承包政策，都必须不折不扣地执行，绝不能走样。只要把农民的当前利益和长远利益很好地结合起来，把中央的各项政策措施真正落到实处，就一定能够保证退耕还林还草退得下、还得上、稳得住、能致富、不反弹。"[1]

作为我国实施西部开发战略的重要政策之一，退耕还林的政策性、技术性都很强，其基本政策措施是"退耕还林（草）、封山绿化、以粮代赈、个体呈报"。当然，这些政策措施一直在不断完善。2002年1月10日，国务院西部地区开发办公室召开退耕还林工作电视电话会议，确定全面启动退耕还林工程。同年4月11日，国务院发出《关于进一步完善退耕还

---

[1] 《朱镕基讲话实录》第四卷，人民出版社2011年版，第6页。

林政策措施的若干意见》。正是这些不断完善的相关政策，把退耕还林工作扎实、稳妥、健康地向前推进。

据统计，1999年至2008年，全国累计实施退耕还林任务4.03亿亩，其中退耕地造林1.39亿亩，荒山荒地造林2.37亿亩，封山育林0.27亿亩。工程范围涉及25个省、自治区、直辖市和新疆生产建设兵团的3200万农户、1.24亿农民。退耕还林工程成为中国乃至世界上投资最大、政策性最强、涉及面最广、群众参与程度最高的一项重大生态工程，为我国在世界生态建设史上写下了绚烂的一笔。

## 二、科学决策以调查研究为先导

从试点先行到逐步完善再到全面铺开，退耕还林政策的出台是一个不断研究和解决新问题的过程。由该案例可以看出，正确的方针政策源于对情况的透彻了解，而要全面了解情况就必须以调查研究为先导。正如毛泽东所言："实际政策的决定，一定要根据具体情况，坐在房子里面想象的东西，和看到的粗枝大叶的书面报告上写着的东西，决不是具体的情况。倘若根据'想当然'或不合实际的报告来决定政策，那是危险的。"[①] 陈云也曾指出："领导机关制定政策，要用百分之九十以上的时

---

[①] 《毛泽东年谱（1893—1949）》（修订本）上册，中央文献出版社2013年版，第321页。

间作调查研究工作,最后讨论作决定用不到百分之十的时间就够了。"①

"三农"问题,可以说是 21 世纪初政策和改革的焦点之一。世纪之交,地方政府在加快工业化、追求 GDP 增长的粗放型发展中出现了忽视农业、农村的倾向,导致农业、农民、农村问题日益突出,甚至有的地方矛盾十分尖锐。2000年 3 月 22 日,国家信访局《群众反映》第 28 期,以《一位乡党委书记对农村现状的忧思》为题,摘登了湖北省监利县棋盘乡党委书记李昌平就当前农村工作中存在的问题致朱镕基的信。信中说:"现在农民真苦,农村真穷,农业真危险!"2000 年 3 月 27 日,朱镕基指示农业部派人调查。经调查,李昌平反映的问题属实。2000 年 5 月 4 日,朱镕基在农业部的暗访调查报告上作了批语:"'农民真苦,农村真穷,农业真危险',虽非全面情况,但问题在于我们往往把一些好的情况当做全面情况,而又误信基层干部'报喜',忽视问题的严重性。"②基于此,之后在广泛调研的基础上,党中央把解决"三农"问题作为全党工作的重中之重,推动了一系列减轻农民负担、促进农业发展、建设社会主义新农村政策的出台。

---

① 《陈云文选》第三卷,人民出版社 1995 年版,第 189 页。
② 《朱镕基讲话实录》第三卷,人民出版社 2011 年版,第 492 页。

## 读懂政策

通过调查研究，才能从实际出发、按规律办事，避免犯主观主义错误。正如中共中央政策研究室原副主任郑新立在《郑新立学术自传》里所述："中国的情况是复杂的。从中国的实际出发，一定要坚持从整体上、从长远发展角度分析问题，用动态的视角观察问题，要把中国的经济情况吃透。这就必须深入调查研究，了解第一手情况。改革开放以来，我跑遍了全国各地。去得最多的是广东、浙江、江苏等沿海地区，在深入调研中汲取营养。我提出的混合所有的股份制是各类经济中最有活力、发展最快的一部分，应当成为公有制的主要实现形式，就是在党的十七大之前到浙江调研得出的结论。这个论断，后来被写入了党的十七大、十八大报告和十八届三中全会《中共中央关于全面深化改革若干重大问题的决定》中，成为国有企业改革的重要方向。2012年，我用9天时间考察淮河，从淮河源头一直走到淮河出海口。所撰写的关于淮河生态经济带开发的研究报告，提出建设千公里河川式水库，把洪水资源化，形成中国第三条出海黄金通道和第四经济增长极。报告经国务院总理批示，国家发展改革委制定了淮河流域发展规划，并经国务院批复下发。"

召开座谈会，无疑是开展调查研究的一种好形式。一般来说，座谈会并不作决策，而是为决策寻找依据，属于决策过程中的前置性会议。召开座谈会能够打通现场与立场，接通天线和地线，从而保证决策的科学性、可行性。座谈会上，人人献计献策，思想与思想碰撞，很容易溅出智慧的火花。当然，面对座谈会上的批评意见，执政者理应"受谏而不厌"。

中央研究机构进行调查研究，也经常采用召开座谈会这一重要方法。国务院发展研究中心原主任王梦奎在《王梦奎学术自传》里回忆道："1983年3—4月，我对世界经济形势进行了研究。研究室经济组讨论过几次，同中央调查部、对外贸易部、中国海关和中国社会科学院等单位的专家也进行过座谈。我写成12000多字的研究报告《世界经济形势和我们的政策》，以中央书记处研究室名义上报中央。报告分三部分：第二次世界大战后世界经济的发展及其矛盾；这次经济危机的特点及其发展趋势；我国对外经济政策的若干问题。1983年5月5日中央书记处会议专题讨论这份研究报告，我作为报告起草人列席会议，并作关于研究报告的说明。会议同意报告的基本分析和政策建议，认为到认真考虑对外经济政策的时候了。会后中办秘书局关于会议决定事项的通知说'中央书记处会议讨论了中央书记处研究室起草的《世界经济形势和我们的政策》，认为将世界经济形势摆在重要位置很有必要'，还说'中央书记处研究室写的这个材料提出了一些好的见解，可以帮助我们更好地研究和认识世界经济问题'。"

从以上高层智囊的回忆中可以看出，调查研究是保证科学决策的基本前提，没有调查就没有决策权。政策是奔着社会问题去的。要使公共政策能够有的放矢地解决社会问题，首先要对社会问题有正确的认识和研判，闭门造车不行，异想天开更不行。

调查研究是我们党的传家宝。党的十八大以来，以习近平同志为核心的党中央将深入调查研究作为开展工作、出台政策、制定战略的"先手棋"。习近平总书记强调，调查研究是谋事之基、成事之道；调查研究是获得真知灼见的源头活水，是做好工作的基本功；要在全党大兴调查研究之风。这些重要指示深刻阐明了调查研究的极端重要性，为全党大兴调查研究、做好各项工作提供了根本遵循。

2023年3月，中共中央办公厅印发了《关于在全党大兴调查研究的工作方案》，明确要求"广大党员、干部特别是领导干部带头深入调查研究，不断深化对党的创新理论的认识和把握，善于运用党的创新理论研究新情况、解决新问题、总结新经验、探索新规律，扑下身子干实事、谋实招、求实效，使调查研究工作同中心工作和决策需要紧密结合起来，更好为科学决策服务，为提高党的执政能力和领导水平服务，为完成新时代新征程的使命任务服务"。

大兴调查研究，有助于推动党员干部更好倾听群众呼声、了解群众意愿，真抓实干解民忧、暖民心，真正扑下身子干实事、谋实招、求实效。全党大兴调查研究，必将使调研的过程成为加深对党的创新理论领悟的过程,成为保持同人民群众血肉联系的过程,成为推动事业发展的过程。

## 三、政策落地前需试点探索

政策落地之前,往往需要试点探索、投石问路。众多的改革事项都是通过各种类型的"政策试点"来实现的。改革开放以来的政策试点实践非常丰富,从经济特区到国家综合配套改革试验区,再到现在的自由贸易试验区,这三者基本囊括了国家顶层设计层面的政策试点实践活动。在具体的改革实践中,对认识还不够深入但又必须推进的改革,很有必要采取大胆探索、试点先行的方法,在局部地区加以试验,等积累经验后再全面铺开。

这种"先行先试、典型示范、以点促面、点面结合、逐步推广"的政策过程,被看作是渐进式改革得以长期持续的关键机制。这种机制在一定程度上是中央和地方之间特殊的决策互动机制,即把来自基层的建议和地方积累的经验注入国家政策的机制,通过地方分散试点和中央干预的有效结合,使地方的政策试点成果被有选择地整合进入国家层面的政策议程。这也是一条具有中国特色的、被实践证明的政策酝酿的成功经验。

在我国改革开放进程中,试点发挥了重要作用。试点之所以如此受重视,《江小涓学术自传》一书中作出如下剖析:除了

"尊重地方和基层的经验、智慧、首创精神"这个基本理念外，还有以下几方面的原因。第一，对新的制度或政策的实施效果还看不准，需要进行小范围实测，观察实效和完善改革方案。大部分试点都属于此类。第二，表明此事仅在小范围试行，有进退余地，容易与持不同意见者达成妥协。例如改革早期的农村承包制、建立开放特区、股权分置改革，以及最近几年的农村土地流转改革等。开始时难以统一意见和拿出普适方案，就从试点起步。第三，允许地方因地制宜推进改革。各地情况差距大，工作基础不同，有些政策不一定适合所有地方，或者不能同时起步，就以试点的方式分批分期推进。例如近几年的高考改革，需要地方有较好的工作基础和教育布局，因此就让自愿先改的省市先行试点。第四，有极少数试点是具体部门的"缓兵之计"，当改革呼声很高，来自上下的压力很大时，先说开始"试点"缓解压力，再视情况决定后续政策。第五，还是在部门层面，有极少数试点是"设租"的一种方式。这种试点往往内置优惠政策，或者具有政绩显示度，部门有试点决定权，就会有地方前来"寻租"。总之，试点能够积累经验、测试效果、突破障碍和缓冲压力，是推进改革的有效途径。

## 四、准确把握政策取向与政策要点

一项政策出台之后，对它的理解和认识直接影响政策的贯彻和执行。从某种程度上来讲，理解和认识层面的状况，关乎实践层面的方向掌控、力度拿捏和节奏把握。要使政策方向上不出偏差，力度上恰到好处，节奏上精准适度，必须准确领会其中蕴含的政策取向与政策要点，具体可从宏伟、中观两个层面来理解和把握。

以领导干部考核政策为例，我们来看看如何从宏观层面准确把握政策取向。众所周知，政绩考核制度是上级党政部门考核下级党政部门的标杆，政绩则是上级任用和选拔下级政府官员的主要依据。因此，在政绩考核和领导干部选拔过程中，政绩被摆到极为重要的位置。政绩考核看哪些指标，领导干部自然就会聚焦这些指标重点发力。

1979年，中央组织部印发《关于实行干部考核制度的意见》，明确以"德、能、勤、绩"为考核的基本内容。从20世纪80年代后期起，政绩考核备受重视。中央组织部先后于1988年和1989年印发《县（市、区）党政领导干部年度工作考核方案（试行）》和《地方政府工作部门领导干部年度工作考核方案（试行）》，明确规定了干部政绩考核的量化指标体系，并对后来各级政府领导干部考核产生重大影响。1989年，邓小平强调："我们现在就是要选人民公认是坚持改革开放路线并有政绩的人，大胆地将他们放进新的领导机构里，使人民感受到我们真心诚意要搞改革开放。"①

20世纪90年代以来，政绩考核进一步趋于规范化和系统化。1995年中共中央颁布的《党政领导干部选拔任用工作暂行条例》明确规定，选拔任用领导干部必须坚持"群众公认、注重实绩的原则"。1998年中央组织部颁发的《党政领导干部考核工作暂行规定》中对"工作实绩"作了明确界定。当时，政绩考核的各项具体指标中，经济指标所占的权重非常大。上面提到的1988年和1989年出台的关于地方领导干部考核方案的考核内容中，总共涉及18项政绩考核的量化指标，其中12项均属于经济考核范畴。由此可见，地方经济绩效成为上级评估下级的重要标准之一。在这种政策导向下，地方政府及领导干部势必会重视发展地方经济，并通过制定和实施公共政策来促进地方经济的发展，以此作为政绩方可赢得上级的政治认可。

2013年，中央组织部发出《关于改进地方党政领导班子和领导干部政绩考核工作的通知》，特别强调："不能仅仅把地区生产总值及增长率作为考核评价政绩的主要指标，不能搞地区生产总值及增长率排名。中央有关部门不能单纯以地区生产总值及增长率来衡量各省（自治区、直辖市）发展成效。地方各级党委政府不能简单以地区生产总值及增长率排名评定下一级领导班子

---

① 《邓小平文选》第三卷，人民出版社1993年版，第300页。

和领导干部的政绩和考核等次。"明确了"选人用人不能简单以地区生产总值及增长率论英雄"的政策导向后,再加上一系列财政和金融改革举措,地方 GDP 增长率和投资增长率开始下降。

2019 年,中共中央办公厅印发《党政领导干部考核工作条例》,明确在考核地方党委和政府领导班子的工作实绩时,要"看全面工作,看推动本地区经济建设、政治建设、文化建设、社会建设、生态文明建设,解决发展不平衡不充分问题,满足人民日益增长的美好生活需要的情况和实际成效"。这项条例的颁布实施,对于加强和改进干部考核工作,充分发挥考核的指挥棒、风向标作用,具有重要意义。特别是把统筹推进"五位一体"总体布局和协调推进"四个全面"战略布局、落实新发展理念的实际成效作为考核评价干部的主要依据,目的就是为了引导各级领导班子和领导干部求真务实、真抓实干,创造出经得起实践、人民、历史检验的实绩。从上述领导干部考核政策的历史变迁中,可以看出不同时期的政策导向存在明显差异。

再以全国统一大市场政策为例,从中观层面看看如何准确把握政策要点。当今世界,最稀缺的资源是市场。当今中国,拥有 14 亿多人口、全球最大的中等收入群体、超 1.5 亿户市场主体,建成了全球最大的高速铁路网、高速公路网,拥有世界级港口群。2021 年中国吸引外资首次突破万亿元人民币大关,社会消费品零售总额增长 12.5%,折射出"全球最大市场"的信心与底气。加快建设全国统一大市场，有利于新形势下深化改革开放，更好利用发挥、巩固增强我国市场资源的巨大优势，全面推动我国市场实现由大到强。2022年4月10日，《中共中央 国务院关于加快建设全国统一大市场的意见》发布，释放出全面推动我国市场由大到强转变的鲜明改革信号。

实际上，这份文件的出台是具有历史和政策连贯性的。党中央高度重视统一大市场建设工作。党的十八届三中全会提出，建设统一开放、竞争有序的市场体系，是使市场在资源配置中起决定性作用的基础。党的十九大提出，清理废除妨碍统一市场和公平竞争的各种规定和做法。党的十九届四中全会提出，建设高标准市场体系，完善公平竞争制度，全面实施市场准入负面清单制度。党的十九届五中全会提出，健全市场体系基础制度，坚持平等准入、公正监管、开放有序、诚信守法，形成高效规范、公平竞争的国内统一市场。2021年12月17日，习近平总书记主持召开中央全面深化改革委员会第二十三次会议时强调，"构建新发展格局，迫切需要加快建设高效规范、公平竞争、充分开放的全国统一大市场，建立全国统一的市场制度规则，促进商品要素资源在更大范围内畅通流动"[1]。

---

[1] 《习近平主持召开中央全面深化改革委员会第二十三次会议强调 加快建设全国统一大市场提高政府监管效能 深入推进世界一流大学和一流学科建设》，《人民日报》2021年12月18日。

由此可见，这一新政策的深刻内涵与之前的中央精神是一脉相承、前后呼应的。

近年来，全国统一大市场建设工作取得重要进展，统一大市场规模效应不断显现，基础制度不断完善，市场设施加快联通，要素市场建设迈出重要步伐，建设统一大市场的共识不断凝聚。但也暴露出一些妨碍全国统一大市场建设的问题。比如，市场分割和地方保护比较突出，要素和资源市场建设不完善，商品和服务市场质量体系尚不健全，市场监管规则、标准和程序不统一，超大规模市场对技术创新、产业升级的作用发挥还不充分，等等。在此背景下，党中央、国务院印发实施意见，从全局和战略高度明确加快推进全国统一大市场建设的总体要求、主要目标和重点任务，为今后一个时期建设全国统一大市场提供行动纲领。

从操作层面来看，推动建设全国统一大市场，实施意见具体明确了哪些重点任务？2022年4月，国家发展改革委负责同志接受新华社记者专访时作出如下阐述：

从立的角度，意见明确要抓好"五统一"。一是强化市场基础制度规则统一，推动完善统一的产权保护制度，实行统一的市场准入制度，维护统一的公平竞争制度，健全统一的社会信用制度。二是推进市场设施高标准联通，以升级流通网络、畅通信息交互、丰富平台功能为抓手，着力提高市场运行效

## 读懂政策

率。三是打造统一的要素和资源市场,推动建立健全统一的土地和劳动力市场、资本市场、技术和数据市场、能源市场、生态环境市场。四是推进商品和服务市场高水平统一,以人民群众关心、市场主体关切的领域为重点,着力完善质量和标准体系。五是推进市场监管公平统一,以增强监管的稳定性和可预期性为保障,着力提升监管效能。

从破的角度,明确要进一步规范不当市场竞争和市场干预行为。意见从着力强化反垄断、依法查处不正当竞争行为、破除地方保护和区域壁垒、清理废除妨碍依法平等准入和退出的规定做法、持续清理招标采购领域违反统一市场建设的规定和做法等五方面作出明确部署,旨在打破各种制约全国统一大市场建设的显性、隐性壁垒。[1]

不破不立,立破并举。为破解阻碍全国统一大市场建设和新发展格局构建的堵点和难点,实施意见从 6 个方面明确了未来重点任务,这正是全国统一大市场政策的要点所在。重点任务一旦明确,接下来就是推动相关举措尽快落地见效,这必将为我国经济社会发展蓄积更为强劲的动能。

---

[1] 《加快建设全国统一大市场 筑牢构建新发展格局的基础支撑——专访国家发改委负责同志》,《人民日报》2022 年 4 月 11 日。

## 五、酝酿政策时如何权衡利益

制定一项公共政策，决策者的主要使命就是寻求公共价值，获取利益相关者的支持，从而达到最佳的政策效果。根据我国的具体国情，公共政策的公共利益可以理解为广大人民群众的共同利益，即绝大多数人的根本利益。坚持从广大人民群众的共同利益出发，是我们制定公共政策的基本准则。如果政策酝酿过程忽略了这一关键因素，很可能会出现"朝令夕改"的情况。我们来看一个"草原天路"收费政策出炉的案例。

位于河北省张北县境内的"草原天路"享有"中国66号公路"的美誉，但今年5月1日，"草原天路""免费游"时代结束。据张北县政府信息公开平台发布的《张北县物价局关于草原天路风景名胜区门票价格的批复》，"鉴于政府投入了大量建设资金，而且还在投资加强基础设施建设、改造和维护。本着以社会效益为主，适当补偿成本费用的原则，经召开听证会论证通过，并报请县政府批准，现将草原天路风景名胜区门票价格批复如下：门票价格为50元/人次"。一时间，天路收费引发公众热议，甚至受到"于法无据"的质疑。

随着反对收费声音的不断高涨，张北县政府被迫于2016年5月20日发文，宣布自2016年5月23日起取消"草原天路"收费，并表示继续提升旅游品质，为广大游客提供更好的服务。

## 读懂政策

收费事件就此告一段路了。从 5 月 1 日到 5 月 23 日，从公布收费到停止收费，仅有短短的 23 天，这很可能是目前中国收费公路寿命最短的了。那是什么原因导致了收费新政的失效？"草原天路"收费风波到底能给我们政府决策带来什么样的启示？

"草原天路"是一条由张家口市张北县投资 3.2 亿元建成、全长 132.7 公里的公路，近几年在微博、微信等平台上被网民大力推荐。从 2013 年夏季开始，"草原天路"逐渐成为北京及周边地区大量自驾游游客的目的地。又由于"草原天路"毗邻冬奥会核心赛区，未来运营得当，还可能成为环北京区域内最具价值的旅游胜地之一。因此，在这种情形下，"草原天路"其实兼具了旅游、生态和公共三重属性。而当地政府对"草原天路"进行收费，客观上让公众认为政府这是单纯以旅游的逻辑来对道路进行规划、保护和开发，是放弃了"草原天路"的公共属性而放大其旅游属性的表现。公众天然地认为，"草原天路"本质上是一条公路，是全国公民的路产资源，任何一个人都有权利来用，而对其进行收费，不仅是一种短时的行为，更是一种不顾公共利益的行为。

新浪网曾经做的调查也显示，在参与讨论的 32611 人中，约 92.9% 的网民反对公路变景区收门票，认为这是舍本逐末；约 4.7% 的人赞成收门票，认为收费用于公路治理维护，有利于百姓；约 2.4% 的网民认为此事"不好说"。因此，我们可以看出，公共价值是公共政策能够有效实施的关键。张北县后来决定取消"草原天路"收费，就可看作是对"社会关切"的"积极回应"，是一种基于公共利益考量的政策调整。

据当地政府和附近居民反映，对"草原天路"进行收费的一个重要考虑是为了避免"公地悲剧"：2013年以来，随着河北省张北县"草原天路"为越来越多的人所了解和向往，大批量游客纷纷进入，这既给环境维护和治理带来了很大的压力，也使旅游基础设施需求暴增与供应不足的矛盾更加突出。

数据显示，"草原天路"2015年全年接待游客33万人次，最多一天达12000辆次，车流密度大、游客人数多，由于缺乏规范管理，经常是垃圾遍地，草场植被破坏严重，给交通造成了极大的拥堵，给环境带来了极大的破坏，给安全带来了极大的隐患。作为国家级贫困县的张北县，由此每年需承担6000多万元的费用，用来维护和管理"草原天路"的生态资源。从这个现实角度出发，"草原天路"收费堪称合情合理，既可维护天路沿线的环境，又能给游客带来更好的出行和观景体验。甚至当地政府可以从中获取一定收益（利润），特别是通过市场化公司运作，也在情理之中，因为总比面对"草原天路"环境日益恶化和游客需求难以满足政府却不作为要好得多。

然而，通过对道路进行收费的政策可能过于简单化了。一方面，从政策干预的角度讲，收费是对游客需求弹性的调节，显然，其需求弹性很大，来"草原天路"观光还不是他们的必需品。据报道，"草原天路"在启动收费之后，每日通行车辆大幅减少，并直接导致前来张北县旅游的人数迅速走低。虽然这种结果在一定程度上缓解了当地的交通和环境压力，但是这种"需求端"（车辆、游客）用脚投票的结果不仅使得当地赖以依靠的旅游业大受拖累，也使得道路及周边景区施行开发式保护的努力成为泡影。另一方面，收费政策也回避了与其他政策目标的协调性。对于正常的通行车辆，如果没有其他替代的路线可供选择，道路变景区的做法，可能对其通行权构成损害。如何保障非旅游观光车辆的免费通行，如何对风景道体系的道路进行有效管理都需要更为细致可行的方案。[1]

这则案例启示我们，政府部门推出某项公共政策，虽然获得部分人支持，组织机构也有资源条件保证，但如果不具有公共价值，政策目标就很难实现。因此，酝酿政策应以创造公共价值为首要目标，以公共利益为重要诉求，这样政策落地时才能拥有广泛民意基础。当然，"草原天路"收费从有到无，也让我们看到，地方政府作决策虽然有时会遇到一些问题，但政府部门会与时俱进，不断校正完善政策。

---

[1] 参见黄振威：《政府决策的三大要素——以"草原天路"收费风波为例》，《学习时报》2016年7月10日。

# 第五章　意见征集与反馈

> 将民主参与纳入决策全过程，实现政府与社会公众平等对话，进而达成共识，回应公共利益诉求，有利于公共决策获得社会上大多数人的支持和认可。

在意见征集过程中，有些政策方案未经理论探讨，也没有经过专家的详细论证或者未采纳相关政策咨询机构的建议，更没有经过人民代表大会充分讨论，公众亦未参与政策制定过程，这就难以避免新制定政策的失误。

## 一、征集意见是决策科学化的基础

就重大决策和重要政策征求意见,本质上来说就是一种政策沟通。武汉大学教授杨华在《县乡中国:县域治理现代化》一书中对政策沟通这一概念作出阐释,即政府及部门上下层级之间,就政策制定或工作任务的确定、推动、执行所进行的信息交流和交换。从时间链条上来看,这种沟通贯穿政策的酝酿、出台、落地实施全周期。在政策制定过程中,上级政府(含部门)深入下级(及一线)调研,召集下级开座谈会,了解政策实施环境和基础,征询下级意见,制定相对合理的政策。在政策推动中,上级通过动员会、调研、考察等方式让下级了解和理解相关政策,做通下级的思想政治工作,将他们的认识统一到政策执行上来,并掌握下级在执行中可能会存在的问题和困难,以便做好相应的政策配套。在政策执行过程中,下级向上级及时反映执行情况,反馈执行中的效果、经验及问题、困难,上级根据下级的反馈适时总结经验,调整和完善政策,并给予下级相应的指导和支持。本章重点围绕政策出台前的意见征集和反馈进行探讨。

上文提到的《公共政策分析》一书,将民主参与原则作为公共政策制定的原则之一,"任何一项公共政策,不仅是政府的行政诉求,而且是全社会的利益诉求。公众参与政策制定是维护公民合法权益的重要途径。公众在一般情况下作为目标群体，最了解一项公共政策的优劣情况。'知屋漏者在宇下，知政失者在草野。'公民参与公共政策制定，积极表达自己的利益诉求，通过政民互动，可以使公共政策沿着更公平合理的方向发展，从而保证公共政策的公共利益取向。因此，在公共政策制定过程中，政府只有保障了公众的知情权、表达权以及监督权的实现，才能了解民意，集中民智，正确、科学地制定出公共政策"。

由此可见，决策过程中若具备交流、协商、对话和博弈的制度安排，公众就能在充分互动中形成共识、达成合作。美国学者约翰·克莱顿·托马斯在《公共决策中的公民参与》一书中总结了民众参与公共决策对于提高政策质量所带来的益处："首先，由于公民或公民团体的参与为决策带来了更多的有效信息，这使得决策质量有望提高；其次，伴随着公民参与公共决策过程，公民对于决策的接受程度大大提高，从而促进了决策的成功执行；再次，如果公民能够辅助公共服务的提供，那么，公共部门提供的服务就会更有效率和效益；最后，公民参与将会增强公民对于政府行为的理解，从而会减轻人们对政府机构的批评，改善官僚遭到围攻的困境。"

任何一项重要政策的出台，都是经过多次反复讨论、协调、磨合，相关部门和地方提出意见，最后由决策层拍板定下来的。因此，制定路线方针政策和作出重大决策部署之前，需要充分发挥人民群众及社会各界参与决策的功能，提高决策的透明度，让人民群众广泛参与行政决策过程。只有坚持"从群众中来、到群众中去"，才能使政策决策、方案举措既符合中央精神又符合地方实际，既切合民众需求又切实可行。

## 二、征集意见方面的典型案例

征集意见在工作方式上是多样化的。上海社会科学院社会学研究所研究员周建明在《调查研究：历经百年千锤百炼的传家宝》一文中这样写道：在重大决策之前、落实过程之中、中共中央重要会议和全国"两会"之后，中央领导同志都会去各地调研，或通过召开座谈会，或直接通过政府网站听取基层和群众意见，并对决策方案多方论证，认真听取正反两方面的意见以进行权衡比较，以使党和国家的决策更加周全。同时，即使原来未进入视野的重大问题，通过一线干部群众反映，也会引起他们高度重视，促使中央进行调研和决策。

### （一）政府工作报告

我们所熟知的政府工作报告，其起草过程可以说是广泛征求意见的典型体现。曾有记者采访时任国务院研究室信息司司长刘应杰，问他参与这么多年政府工作报告起草有什么体会，他说最大的体会就是报告不是写出来的。记者又问,不是写出来的,那是怎么出来的?刘应杰说,报告的起草过程首先是党中央、国务院决策的过程,同时也是各部门认真研究工作的过程,是起草组广泛深入调查研究、听取各方面意见和建议的过程。因此,报告的起草过程是一个广泛发扬民主、集中民智、最大程度凝聚共识的过程。就是说,起草报告不是坐在房间里闭门造车,仅仅妙笔生花就能够写出来的,最重要的是它是领导决策的过程。这段问答在刘应杰所著的《关于调查研究和文稿起草问题》一书中有相应记载。

关于政府工作报告的起草过程,《王梦奎学术自传》作了更细致入微的描述:"起草组通常是在元旦之前成立,由研究室每司一人,并根据需要,再从其他单位借调个别人,总共10人左右组成。起草工作的大体过程是:起草组讨论拟定总体框架设想,报总理认可后动工;写出初稿,报总理审阅;根据总理意见修改后,先后提交国务院常务会议讨论(1995年以前,是先经总理办公会议讨论再提交常务会议讨论),中央政治局常委会议讨论,国务院全体会议讨论;最后提交中央政治局会议审议。中央政治局会议通常是在全国人大会议开幕前几天,审议通过即成为总理在人大开幕当天所作的报告。提交中央政治局审议之前,还要听取各民主党派、全国工商联负责人以及社会各界的意见,界别和人数是不确定的。每次会议讨论或征求意见之后，都要根据所提意见进行修改，再提交下一次会议。这就使报告在不断的讨论和征求意见过程中逐渐完善起来。每次会议，由我作关于起草和修改情况的说明。在全国人大和政协会议期间，根据'两会'审议和讨论的意见，再作修改，并由起草组代总理起草给人大会议主席团的关于修改情况的报告。人大全体会议通过关于《政府工作报告》的决议后，报告起草工作方告结束。每个阶段都有精准的时间要求，所以起草工作有严格的时间表。工作最困难和紧张的是写初稿的阶段，要反复讨论修改多次。一旦初稿送总理审阅并提交国务院会议讨论，以后的修改都是比较容易的，彻底颠覆初稿重来的情况，从未发生过。"从上述起草过程可以看出，最终呈现的报告需要兼顾社会各界的不同诉求，权衡取舍各方面意见，最大程度凝聚社会共识。

## （二）粮食政策与分税制改革

让我们拉长时间线，来看看20世纪90年代的两个政策案例。

其一是粮食政策。众所周知，农业是国民经济的基础，粮食是万物之首。1993年11月，国内市场粮食价格突然暴涨，从沿海地区到内地，从南方到北方，波及全国，并由此带动了对家电产品、金银首饰和其他商品的抢购。当时粮食库存充足，粮食供求关系没有发生大的变化，粮价暴涨主要是通货膨胀对群众心理预期的作用，粮食市场又有人乘机炒作。12月18日，正在安徽省作调查研究的朱镕基接到国务院有关部门关于平抑粮食价格的紧急报告，与有关部门商定，下决心动用国家库存粮食，向市场抛售，要求国有粮店挂牌降价，尽快将粮食价格降到合理水平。①12月专门召开了平抑粮价的第一次会议，1994年1月又召开了第二次平抑粮价的会议，把粮食价格稳定在一定水平上。1994年3月，中央召开第二次农村工作会议，部署了粮食价格和购销体制的改革。在此前后，党中央和国务院领导同志以及派出的几批调查组，同各省区市负责同志充分交换了意见。国务院有关部门又先后在武汉、郑州召开座谈会，就中央的方针政策再次征求意见。

经过前前后后、上上下下、反反复复的沟通，中央和地方的认识基本统一了。这次粮食价格和购销体制改革要达到三个目标：第一个目标是换来一个粮食收购价格形成的机制；第二个目标是形成一个稳定、合理的粮食销售价格；第三个目标是建立一个适应社会主义市场经济体制要求的，放而有管、管而不死、购销方便、调度灵活的现代化的粮食市场。可以说，这三个目标就是中央和地方经过充分政策沟通最终达成的共识。

---

① 参见《朱镕基讲话实录》第一卷，人民出版社2011年版，第432页。

如果上述三个目标实现了,就可以保证粮食生产和农业稳定发展。

粮食价格和购销体制的改革,当时成为关系社会主义市场经济能否平稳运作和国民经济能否持续快速健康发展的重大问题。中央层面的方针政策虽然已定,但仍需要各省区市分散决策。如果分散决策过程中出了岔子,一个局部性问题就可能成为全国性问题。因此,政策落地之前仍需要进一步统一认识,做好思想动员工作。

考虑到这一因素,1994年5月27日,朱镕基在全国粮食价格改革工作会议上作总结讲话时强调:"希望大家要认识到这次粮食价格和购销体制改革是今年改革的最后一次决战。这一仗打完了,如果物价没有太大的波动,谢天谢地,形势大好。如果这一仗打输了,来一次物价大波动,今年好的形势就给冲掉了。无论如何请同志们不能掉以轻心,回去后一定向你们的省委书记、省长汇报,就说江泽民同志、李鹏同志委托我在这个地方向同志们呼吁,一定要重视这次粮食的调价和购销体制的改革,不能出半点差错,保证万无一失。"[①]

其二是分税制改革。可以说,分税制是20世纪90年代推行的根本性改革之一,也是最为成功的改革之一。其大大增

---

① 《朱镕基讲话实录》第一卷,人民出版社2011年版,第503页。

强了中央政府的宏观调控能力，为之后应对一系列重大冲击（1997年亚洲金融危机、2008年全球金融危机和汶川地震等）奠定了基础，也保障了一系列重大改革和国家重点建设项目的顺利实施。分税制从根本上改变了地方政府发展经济的模式。

1994年的分税制改革把税收分为三类：中央税（如关税）、地方税（如营业税）、共享税（如增值税）。同时分设国税、地税两套机构，与地方财政部门脱钩，省以下税务机关以垂直管理为主，由上级税务机构负责管理人员和工资。这种设置可以减少地方政府对税收的干扰，保障中央税收收入，但缺点也很明显：两套机构导致税务系统人员激增，提高了税收征管成本，而且企业需要应付两套人马和审查，纳税成本也高。2018年，国税和地税再次开始合并。分税制改革中最重要的是增值税，占全国税收收入的1/4。改革之前，增值税（即产品税）是最大的地方税，改革后变成了共享税，中央拿走75%，留给地方25%。分税制改革，地方阻力很大。如在财政包干制下过得很舒服的广东省，就明确表示不同意分税制。与广东的谈判能否成功，关系到改革能否顺利推行。在财政部财政科学研究所刘克崮和贾康主编的《中国财税改革三十年：亲历与回顾》中，时任财政部部长刘仲藜和后来的财政部部长项怀诚的回忆，生动再现了当时的激烈博弈：

（项怀诚）分税制的实施远比制订方案要复杂，因为它涉及地方的利益。当时中央财政收入占整个财政收入的比重不到30%，我们改革以后，中央财政收入占整个国家财政收入的比重达到55%，多大的差别！所以说，分税制的改革，必须要有领导的支持。为了这项改革的展开，朱镕基总理（时任国务院副总理）亲自带队，用两个多月的时间先后走了十几个省，面对面地算账，深入细致地做思想工作……为什么要花这么大的力气，一个省一个省去跑呢，为什么要由一个中央常委、国务院常务副总理带队，一个省一个省去谈呢？因为只有朱总理去才能够和第一把手省委书记、省长面对面地交谈，交换意见。有的时候，书记、省长都拿不了主意的，后面还有很多老同志、老省长、老省委书记啊。如果是我们去，可能连面都见不上。

（刘仲藜）与地方谈的时候气氛很紧张，单靠财政部是不行的，得中央出面谈。在广东谈时，谢非同志不说话，其他的同志说一条，朱总理立即给驳回去。当时有个省委常委、组织部长叫傅锐就说："朱总理啊，你这样说我们就没法谈了，您是总理，我们没法说什么。"朱总理就说："没错，我就得这样，不然，你们谢非同志是政治局委员，他一说话，那刘仲藜他们说什么啊，他们有话说吗？！就得我来讲。"一下子就给驳回去了。这个场面紧张生动，最后应该说谢非同志不错，广东还是服从了大局，只提出了两个要求：以1993年为基数、减免税过渡。①

关于这段博弈过程，《朱镕基讲话实录》（第一卷）也有相关记载。1993年9月9日至16日，朱镕基先后到海南、广东省就实行分税制问题进行调查研究。他在广东省调研期间，与省委、省政府负责同志座谈时讲道："通过三次'交锋'或者说三次交流，以及会后各个层面交换意见，我也与广东省各方面的同志作了接触，相信对大部分问题已有了一个解释，但你们是不是放心了呢？我也不敢保证，恐怕还是不大放心。恐怕还需要一段时间，大家进一步交流，把问题搞清楚。而且通过交流，我们对这个方案也深化了认识。这次海南、广东之行，特别在广东，我们花的劲相当大。我们了解到你们的顾虑在什么地方、困难在什么地方、问题在什么地方，有了切身体会和感性认识，在具体实施时对方案可以做补充或修订。当然，在大的原则性修改方面，还要由中央决定，但一些具体的细节修改我们可以自己做主。因此，这次到广东来，对我们是个很大的帮助，对于如何在全国推进这项改革也是很大的帮助。广东的问题解决了，全国的问题就迎刃而解了。所以，我们这次来的意义是非常大的。"②

---

① 兰小欢：《置身事内：中国政府与经济发展》，上海人民出版社2021年版，第55—56页。
② 《朱镕基讲话实录》第一卷，人民出版社2011年版，第357—358页。

数十年之后，学者兰小欢将自己对这段政策博弈的深刻体悟写进了《置身事内：中国政府与经济发展》一书："这段故事我上课时经常讲，但很多学生不太理解为何谈判如此艰难：只要中央做了决策，地方不就只有照办的份儿吗？'00后'一代有这种观念，不难理解。一方面，经过分税制改革后多年的发展，今天的中央政府确实要比20世纪80年代末和90年代初更加强势；另一方面，公众所接触的信息和看到的现象，大都已经是博弈后的结果，而缺少社会阅历的学生容易把博弈结果错当成博弈过程。其实即使在今天，中央重大政策出台的背后，也要经过很多轮的征求意见、协商、修改，否则很难落地。成功的政策背后是成功的协商和妥协，而不是机械的命令和执行，所以理解利益冲突，理解协调和解决机制，是理解政策的基础。"[1]

### （三）京津冀协同发展

当下一些重大决策的出台，同样是由问题出发，谋定思变、达成共识的结果。以我国三大国家战略之一京津冀协同发展为例。京津冀协同发展是习近平总书记亲自谋划、亲自部署、亲自推动的重大国家战略。

---

[1] 兰小欢：《置身事内：中国政府与经济发展》，上海人民出版社2021年版，第56页。

面积21.6万平方公里、拥有1亿多人口的京津冀地区，地缘相接、人缘相亲、地域一体、文化一脉，历史渊源深厚，交往半径相宜，本可实现一加一大于二、一加二大于三的效果，成为区域发展的示范和表率。但现实却很"骨感"，有人曾用"北京吃不下""天津吃不饱""河北吃不着"来形容要素流动与资源配置之窘境，也有人用"虹吸效应"来分析三地之间体制机制磨合之困难。显然，京津冀再沿老路往前走，难免越走越窄。

实现京津冀协同发展，是面向未来打造新的首都经济圈、推进区域发展体制机制创新的需要，是探索完善城市群布局和形态、为优化开发区域发展提供示范的需要，是探索生态文明建设有效路径、促进人口经济资源环境相协调的需要，是实现京津冀优势互补、促进环渤海经济区发展、带动北方腹地发展的需要。由此可见，京津冀协同发展意义重大。而要把对这一问题的认识上升到国家战略层面，首先要解决的就是思想观念的问题。从2016年初一则媒体报道中，可以深刻认识到这项重大决策出台前征求意见、凝聚共识的重要性。

推进京津冀协同发展，首先是一场认识和观点的交锋。

对北京来说，最大的事是哪些该疏解？哪些该退出？遵循什么原则？在2014年举行的北京市委十一届六次全会上，市委领导坦言：多年来，我们习惯了聚集资源求增长，而且轻车熟路，也确有成效。现在，北京要疏解功能谋发展，缺乏现成经验。

对于天津、河北而言，在京津冀大格局中如何定位？该接受什么产业？哪些地方来对接？首先在什么方面动起来？也不是一个轻松的话题，需要深入研究。

大战略需要大谋划。统一思想，不是一两个简单的行政命令就能解决的。统一思想的过程，本身就是科学设计、顶层谋划的过程。"要着力加强顶层设计，抓紧编制首都经济圈一体化发展的相关规划，明确三地功能定位、产业分工、城市布局、设施配套、综合交通体系等重大问题"，"着力加大对协同发展的推动，自觉打破自家'一亩三分地'的思维定式，抱成团朝着顶层设计的目标一起做"，习近平总书记对顶层设计提出明确要求。

九层之台，起于垒土。贯彻落实总书记重要讲话和党中央、国务院领导同志重要指示批示精神，2014年以来，按照京津冀协同发展领导小组总体部署，领导小组办公室与30多个部门、三省市和京津冀协同发展专家咨询委员会一起，多次深入实际调查研究，集中开展规划纲要编制工作。经反复研究和修改完善，先后7轮征求各方面意见，形成了《京津冀协同发展规划纲要》稿。

2014年12月中央经济工作会议召开，京津冀列为我国区域发展三大战略之一。2015年4月，中央政治局会议审议通过《规划纲要》，确定了"功能互补、区域联动、轴向集聚、节点支撑"的布局思路，明确了以"一核、双城、三轴、四区、多节点"为骨架。顶层设计"靴子"正式落地，为实施京津冀协同发展战略提供了基本遵循，三地协同发展由顶层设计进入全面实施、加快推进的新阶段。[①]

谋定思变天地宽。近年来，随着《京津冀协同发展规划纲要》及相关规划印发实施，规划体系的"四梁八柱"基本建立。自京津冀协同发展战略实施以来，京津冀三地高质量发展蹄疾步稳。数据统计显示，2022年京津冀地区生产总值突破10万亿元，区域整体实力迈上新台阶。我们从中得出如下启示：正是有了政策方面的顶层设计，认识逐渐趋于统一，各方力量顺势拧成一股绳，一些老大难问题也有了方向明确的解决方案。这正是作决策之前征求多方意见的目的所在。

2023年5月11日至12日，习近平总书记在河北考察并主持召开深入推进京津冀协同发展座谈会。这也是十年来习近平总书记主持召开的第三场事关京津冀协同发展的座谈会。向前追溯，2019年1月，京津冀协同发展座谈会，地点就选在因京津冀协同发展战略应运而生的北京城市副中心。再向前，2014

---

[①] 马志刚、祝惠春：《谋定思变展宏图——党的十八大以来我国推进京津冀协同发展纪实》，《经济日报》2016年1月20日。

## 读懂政策

年2月,习近平总书记召开座谈会,听取京津冀协同发展专题汇报。这次会上,京津冀协同发展上升为国家战略。

《人民日报》有篇报道《从十年里的三场座谈会,看总书记这样引领京津冀协同发展》,对这一国家战略作了多维度的回顾与展望,现选取其中部分内容,从中体悟一项重大决策的"时与势"。

每一次座谈,都沉潜着习近平总书记对时与势的思考。十年破题,因时而动,循势而往。

从第一次座谈到第二次,"谋思路、打基础、寻突破",一路走来殊为不易。

从第二次座谈到第三次,"保持历史耐心和战略定力,稳扎稳打,勇于担当,敢于创新,善作善成",这些理念思想,深植京畿大地。

大党,大国,大时代。一边是大国之重、时代之变,一边是举重若轻、从容应变。

第一次座谈会召开之际,是在中国经济发展进入新常态之时。

绿水青山就是金山银山的理念深入人心。传统的增长路径变了,在区域协调发展中一边调结构、一边稳增长,蹚出一条新旧动能转换新路径。

到了第二次座谈会召开之时，我国社会主要矛盾发生了事关全局的根本性变化。

再到此次座谈会，全面建设社会主义现代化国家进入新征程，实现高质量发展成为首要任务。

从"落后时代"到"赶上时代"再到"引领时代"，中国的现代化建设有了更丰富内涵。波澜壮阔的现代化进程，一场静水深流的变革，它的时代大背景里，还有新一轮科技革命和产业变革突飞猛进，势必对区域协调发展提出新的要求。

京津冀就行进在历史之中。

发展的每一步，都在取舍。

疏解非首都功能，是"牛鼻子"。"城市功能并非多多益善，而是过犹不及"，减量与转型，是京津冀发展相融的关键一招。

北京成为全国第一个减量发展的城市。

诚然，减法不易。从算地方账到算总账，转变从来知易行难：单就说一个服装市场，背后联动税收、产值和就业，减下去后又浮上来的问题，谁来管谁来解决？

习近平总书记审时度势，为三地产业的大挪移解除后顾之忧："不要简单以国内生产总值增长率论英雄，不拿这个作为唯一考核标准，不要怕因为某些产业不留在北京会影响政绩"。

壮士断腕，会有伤筋动骨的痛，也会有发展巨大惯性，但

读懂政策

历史进程不可逆转。

北京在减,天津和河北也在减。

"河北要切实抓好压减六千万吨钢、六千万吨水泥、四千万吨燃煤、三千万箱玻璃工作。"习近平总书记在第一次座谈会上,明确列出了任务单。

减量发展,腾挪出的是高质量发展的空间。

这次河北之行,习近平总书记看的都是高质量发展的方向所在。一块田——旱碱地麦田,科技赋能粮食安全;一个运煤的港口——黄骅港煤炭港区码头,正在绿色低碳发展。

到了石家庄,深入调研创新发展,一个是中国电科产业基础研究院,一个是石家庄市国际生物医药园。创新协同、产业协作,在京津冀大地上有着生动实践。

黄骅港和"一带一路"相衔接。往返穿梭的船舶,既是国内大循环的蓬勃内需,也是中国通过"一带一路"更深度融入世界的大势所趋。

京津冀协同发展的大棋局,与"一带一路"倡议的落子几乎同步,也同"一带一路"倡议相衔接。二者的双向联动,区域协调的经纬越加宏阔,畅通的是国内国际大循环。[1]

---

[1] 杜尚泽、杨旭:《从十年里的三场座谈会,看总书记这样引领京津冀协同发展》,《人民日报》2023年5月15日。

任何一项国家战略，都在宏阔的时空维度中沉稳演进。党的十九大以来，京津冀协同发展取得新的显著成效，疏解北京非首都功能初见成效，雄安新区建设取得重大阶段性成果，北京城市副中心高质量发展步伐加快，"轨道上的京津冀"加速形成，美丽宜居京津冀取得丰硕成果，科技创新和产业融合发展水平持续提升。实践证明，党中央关于京津冀等重大区域发展战略是符合我国新时代高质量发展需要的，是推进中国式现代化建设的有效途径。

# 第六章　政策出台与实施

> 政策的出发点和终极归宿是解决社会公共问题，进而实现特定的经济社会发展目标。

制定政策是研究问题、确定目标的过程，而执行政策才是具体解决问题、实现目标的过程。政策的生命力在于执行，如果没有政策执行，再好的政策也只能是一纸空文，还会使政府的公信力受损。如此，政策也就失去自身存在的价值，制定阶段所付出的人力、物力、财力成本也就付诸东流了。

1998年3月24日，朱镕基在国务院第一次全体会议上这样讲道："我到国务院工作八个年头了，深刻地感到，出个主意是非常容易的。主意可以出得很多，可以天上地下，博古通今，引经据典；定个政策也不是很难，只要你虚心听取各部门的意见，群策群力，也可以出台一个好政策，但是要落实就难得很。那不是你写一大篇批示，下面就会照着做，根本不是那么回事，最难就在于落实。我八年来的体会，就是要办一件事，不开八次、十次会议就没法落实。如果发一个文件，能兑现20%就算成功了，不检查落实根本不行。部委作出的任何决定、政策，也要下去检查、落实，反复地讲，反复地考虑。"[1]

从这段讲话可以看出，即使出台了一些看似不错的政策，也未必能达到好的效果。每项政策的出发点都是好的，考虑得也比较周全，但政策执行和实施的结果或许并不理想，甚至可能出现偏差。

## 一、好政策应具备哪些要素

一项好政策究竟需要考虑哪些方面？2019年1月，刘应杰在国务院参事室举办的调查研究培训班上对此作了如下阐述：

一是政策的稳定性和连续性。好的政策应该长期坚持下去，这样才能释放一个稳定的预期。比如，香港、澳门回归，"一国两制"、"港人治港"、"澳人治澳"、高度自治的方针长期不变；家庭联产承包责任制的政策"三十年不变"，到期

---

[1] 《朱镕基讲话实录》第三卷，人民出版社2011年版，第6页。

后又提出长期不变。在实施过程中，有小问题的政策可以通过打补丁的方式修改完善，只有有大缺陷的政策才需要改变。所以，在研究提出政策的时候，要了解一项政策的来龙去脉和利弊得失，这样才能提出更完善的政策。

二是政策的科学性和协调性。一项政策的制定和实施，需要科学的测算和评估，要有严格的定量分析，特别是财政的投入支持；政策的制定和实施还涉及方方面面的利益关系，需要上下左右的配合和协调，这些都是需要统筹考虑的因素。

三是政策的可行性和可操作性。天下大事，必作于细。细节决定成败。政策的设计要全面完善，但切忌烦琐化、复杂化，好的政策应该是清楚明白、简便易操作。比如，税收政策，涉及面非常宽，要使纳税人都明白，不能说不清、道不明，否则就难以实施。政策的可行性和可操作性，直接关乎政策的落实落地。政策内容越具体、越具有可操作性，就越能够迅速转化为实际行动。反之，政策被束之高阁，最后只能成为"镜中花""水中月"。中共中央政策研究室原副主任郑新立在《郑新立学术自传》里就用过这样一则案例：2006年国务院颁布的《国家中长期科学和技术发展规划纲要（2006—2020年）》，明确了到2020年科技发展的目标、任务和战略重点，各部门围绕落实纲要出台了70多项配套政策，对鼓励自主创新发挥了重要作用，但仍存在不少问题。据有关部门调查，一些政策落实困难，如"技术开发费150%抵扣所得税"政策，仅有38%的企业享受到，有19%的企业由于部门协调不够未能享受，还有19%的企业根本不知道有该政策。应对各项政策的实施情况进行一次全面检查、总结，使之进一步完善，需要调整的应及时调整。对那些企业利用程度不高的政策，应探究其原因，改进实施办法，以扩大政策效应。应针对战略性新兴产业的技术研发，实行特殊的扶持政策，尽快取得突破，以占领世界科学技术和产业发展的制高点……由此可见，政策落地也是一个需要不断修正的过程，因为某些环节或细节很容易出现衔接上的"真空"，很有必要来个"大扫描"，及时查漏补缺。如果政策出台后就简单地以为万事大吉，便无人问津了，政策措施很可能置于"悬空"状态，无法真正落地。

## 二、推进政策实施与执行落地

政策究竟是如何推进实施与执行落地的呢？接下来，以退役军人相关政策为例，分析一下政策落实过程中有哪些"规定动作"。

目前，全国累计有数千万退役军人，每年还有数十万军人退出现役，是社会主义现代化建设一支不可或缺的重要力量。同时，军事职业有其特殊性，军人退役到地方后有一个心理调适、角色转变、能力转换的过程，需要给予支持和帮扶。近年来,围绕退役军人的相关政策"四梁八柱"已基本建立,确保每一项政策的"红利"都能让退役军人看得见、摸得着、享受得到,需要抓好政策制度的落地见效。

其中,针对不同程度存在的退役军人就业创业能力不足、扶持力度不够、服务体系不健全等问题,2018年7月,退役军人事务部等军地12个部门联合印发《关于促进新时代退役军人就业创业工作的意见》(以下简称《意见》),提出一系列政策措施,为退役军人就业创业铺路搭桥,帮助他们迈好工作转轨、事业转型、人生转段的关键一步。

这项政策意义非凡,该如何抓好贯彻落实呢?同年8月,退役军人事务部有关负责同志就《意见》答记者问时这样说道:

一是加强政策解读。通过多种媒体对《意见》进行公开报道,特别是对退役军人关注的问题,要主动解疑释惑,使广大退役军人准确把握政策精神。

二是细化政策措施。各地要结合实际,制定具体实施办法,把《意见》各项要求落细落实。

三是注重典型引领。对各地贯彻落实的好做法好经验及时总结、推广,以点带面推动工作。

四是加强督促检查。要建立任务台账,坚持跟踪问效,定期评估检查,推动工作有力有序进行。

一般情况下，上述的解读宣贯、细化举措、典型引路、督查问效四个环节，是贯彻落实政策的基本工作思路。在这几个阶段逐一发力，才有助于让每一项政策真正从纸上走下来，走进"寻常百姓家"。

## 三、政策落地的影响因素

从政策效果层面来说，政策执行力直接关乎政府效能、政府形象和政府公信力。执行力弱，政令不畅，有令难行，甚至是有令不行，政策落实就可能出现"雷声大，雨点小"的状况，会使政府的公信力受影响。下面是一则关于"禁渔令"实施的报道，从中可以看到影响政策落地的因素究竟有哪些。

从2020年1月1日开始，长达十年的长江"禁渔令"开始实施。目前，"禁渔令"实施已近半年，但"新华视点"记者近期暗访发现，长江偷捕鱼类现象并未禁绝，特别是"江鲜"仍在暗中交易，有的一公斤能卖6000元左右。暴利驱使下，对长江鱼类的捕捞、运输、销售，已经形成完整的黑色地下产业链。

**"江鲜"仍在交易，价格比往年涨了一倍**

10多条刀鱼依次排开，江虾占了半个水箱……这是"新华视点"记者近期在长江沿线某市水产市场看到的景象。

"清明后刀鱼刺变硬了，小江刀一公斤500元，超过二两的

1公斤800元。"一位鱼贩子称，江虾的价格也在一公斤300元左右。

在另外一个市的商贸批发市场，一位纪姓商户告诉记者，吃"江鲜"需要通过特殊渠道提前两天订货。"很多'江鲜'馆都从我们这里拿货。养殖的鮰鱼一公斤24元左右，野生的价格是10倍以上。"

长江刀鱼被誉为"长江三鲜"之一。由于环境恶化、捕捞过度等诸多原因，近年来刀鱼资源严重枯竭。随着数量减少，价格不断走高，一些不法分子为获取暴利铤而走险。

"物以稀为贵，越是禁止价格越高。"当地商户告诉记者，"刀鱼的价格比往年涨了一倍，供不应求。清明前的长江刀鱼刺很软，一公斤甚至能卖到6000元左右。"

由于市场需求旺盛，在长江捕食野生刀鱼屡禁不绝。记者在多个发生交易的市场上没有看到监管人员。"他们来我们就躲，他们走了我们卖。"有商户称之为"躲猫猫"。

某市市场监管局、农业农村局、公安局等曾联合开展长江水产品专项执法行动，工作人员透露："执法中发现，私下里还是有偷偷摸摸点对点的销售，在一些餐馆发现有长江水产品。"

除了刀鱼，长江里白鱀豚、白鲟、长江鲥鱼等物种也已多年鲜见，中华鲟、长江鲟、长江江豚等极度濒危。农业农村部、财政部、人力资源社会保障部联合出台《长江流域重点水域禁捕和建立补偿制度实施方案》，保护岌岌可危的长江生物资源。但记者发现，"禁渔令"下，一些人还继续在珍稀物种保护区偷捕。

长江航运公安局镇江分局近期破获一起案件，3名犯罪嫌疑人在凌晨驾驶小渔船开到江豚保护区，使用自制的电抄网捕鱼，短短3个多小时就捕捞150多公斤的渔获物。

**非法电捕是主要方式，偷捕和销售呈组织化、专业化**

电鱼是偷捕的主要方式。"这是标准的酷捕滥捞、竭泽而渔。过去，渔民都知道要让水域休养生息，但现在，即便是长江禁渔以后，也仍看到不少人非法电鱼，让人愤怒、痛心。"多年从事长江水生物保护的志愿者张明浩说。

"长江禁渔后，受暴利驱动，一些原先并非渔民的人也加入偷捕。"长江航运公安局镇江分局刑侦支队支队长曹钦说，这些人主观恶意大，反侦查能力强，呈现组织化、专业化特点。

"他们了解警方打击偷捕需要查获鱼和渔具等证据，于是故意将捕获的鱼藏在一个地方，将渔具藏在另一个地方。"曹钦说，"而且，他们与渔民不一样，不是个人或夫妻俩，通常是一个团伙协同犯罪。"

据中国海监江苏省总队三级调研员岳才俊介绍，长江禁渔以来，渔政部门已组织开展4次省级长江渔政专项执法行动，收缴违法违规捕捞网具近1000套，没收渔获物120公斤，查处非法捕捞案件58起。

岳才俊说，从查获的较大非法捕捞案件看，非法捕鱼团伙常常使用便携式电鱼设备，快艇分工协作，机动灵活，遇到查处经常会把作案工具直接丢入江中销毁罪证，导致执法取证难度大。

据警方和渔政部门反映，长江渔业资源的捕捞、运输、销售已经形成一条非法利益链。"鱼需要当天处理，凌晨就被运到各大饭店或水产市场，利益相关者都是共谋。"

此外，为逃避监管，不少偷捕人员选择夜里作案。扬州市公安局滨江派出所所长王明超说，黑灯瞎火，船只容易发生碰撞，江上执法危险性大。而偷捕人员软暴力抗法现象也十分常见，甚至以跳江、自残等手段相威胁。

**长江禁渔不能沦为一纸空文**

长江是世界上水生生物多样性最为丰富的河流之一，也是维护我国生态安全的重要屏障，十年"禁渔令"旨在让长江休养生息。

但承担保护长江重任的渔政部门人员却严重不足。中国海监江苏省总队渔政执法处处长陈建荣说，长江江苏段400多公里，有渔业执法资格证的只有217人，长期在一线工作的约100人。

装备同样捉襟见肘。记者在扬州市广陵区新坝渔港看到，

读懂政策

这里停着全区渔政部门唯一的一条执法艇。"这条执法艇只有6.36米长。"该区农业农村局副局长唐明虎无奈地说，这样的技术装备很难满足高强度、全天候的禁捕执法监管需求。

为弥补长江渔政力量不足等问题，江苏试点聘请退出捕捞的渔民为护渔员，建立护渔队伍。"他们熟悉水上情况，适应水上工作，效果明显。"王明超说。国网泰州供电公司守护长江碧水青年志愿者服务队队长燕鑫伟等认为，应充分发挥民间保护组织和志愿者的力量，参与江面巡护工作。

扬州市农业农村局副局长陈石说，要加强渔政执法力量和装备建设，同时加强信息化装备的配置和应用。目前，扬州等地已在重点水域或问题易发江段安装视频监控，并借助无人机在人员有限的情况下，开展区域巡航。

有关人士认为，长江生态保护需加强部门联动，对捕捞、运输、销售、餐饮等多环节进行监管。

记者还发现，一些渔民因文化程度偏低、年龄偏大，上岸定居后就业率不高。"长江禁渔是一项系统工程，只有渔民真上岸，才有人与水的真正和谐。"长江淡水豚保护专家章贤认为，要进一步加强渔民职业技能培训，帮助他们顺利转型。[1]

"禁渔令"为何有禁不止？影响"禁渔令"有效执行的因素

---

[1] 沈汝发、秦华江、杨丁淼、刘宇轩：《6000元一公斤的长江刀鱼是谁在偷捕？》，新华视点2020年6月15日。

有哪些？显然，政策资源匮乏是重要影响因素之一。相匹配的资源保障是政策成功执行必不可少的条件。无论政策目标多么明确，政策方案多么具体，如果缺乏足够的资源，执行层面就难以达到预期目标。除此之外，其他影响因素也都是政策出台前应予充分考虑的。

从操作层面来讲，政策执行过程又有哪些具体阶段呢？《公共政策分析》一书将其分为准备阶段、全面实施阶段、总结阶段三个阶段。其中，政策的全面实施是政策实施过程中操作性、程序性最强，涉及面最具体、最广泛的一个阶段。这一阶段包括三方面活动：

1. 指挥活动。指挥是执行领导者将既定目标任务和执行计划分派落实到具体的部门、单位和个人，推进执行进程，实现政策目标的行为，其主要表现形式为行政命令、决定。指挥主要有口头指挥、书面指挥、会议指挥。指挥必须统一，不能政出多门，避免多头指挥。指挥者必须拥有指挥权力，指挥必须按照层级体系进行。

2. 沟通和协调活动。沟通是指执行组织之间、执行人员之间的意见交换和信息交流，以达到思想和行动上的协调一致。协调是指通过引导、调停和说服的办法使执行组织、执行人员之间建立起互相协同、相互配合的关系。

3. 监督与控制活动。执行监督是指监督主体按照一定的标准和规范，运用适当的监督手段，对监督客体进行的检查、控制和矫正。执行中的控制就是通过信息反馈及时发现执行中的问题并随时纠正偏离目标的行为的活动。监控是政策实施过程的保障环节，以保证政策的全面贯彻和落实。

在政策的全面实施阶段，严格遵循以上三方面活动要求，充分发挥政策执行的功能要素，才能确保政策目标的圆满实现。

## 四、地方政府的政策创新与探索

我国幅员辽阔，各地区、各部门情况不同，差异性很大，不宜"一刀切"地执行中央或上级的政策，而是要因地制宜、灵活地制定符合当地实际的具体政策措施。杨华在《县乡中国：县域治理现代化》一书中提出："中央（省市）政策、任务要落地，需要经过县一级的转化，将统一的政策、任务与本地实际结合起来，变成可以具体操作的政策、任务。中央（省市）的政策具有方向性、原则性和底线式的特点，要达到的是普遍、一般、共性的目标，而基层社会又具有多样性、特殊性、个性化，将普遍与特殊、一般与特别、共性与个性结合起来，需要县一级有将中央（省市）政策转化为本地政策的空间。"

以产教融合政策为例。近年来，我国全面深化产教融合，促进专业与产业、企业、岗位对接，职业教育在加快发展现代化产业体系、推进制造业强国建设中，扮演着越来越重要的角色。但受体制机制等多种因素影响，人才培养供给侧和产业需求侧在结构、质量、水平上还不能完全适应，"两张皮"问题仍然存在。为深化产教融合，促进教育链、人才链与产业链、创新链有机衔接，国务院办公厅于2017年12月印发了《关于深化产教融合的若干意见》。这是党的十九大之后由国务院印发的旨在推动教育综合改革的政策。

确保这项政策有效落地，需要政府、企业、学校和社会组织等多方主体的共同努力。《县乡中国：县域治理现代化》一书就列举了某地推动产教融合政策的案例：

产教融合政策意义重大，但是对于省一级来说，因为省领导、发改委领导，包括发改委内部牵头处室领导都还没有重视起来，国家层面只是让各地试点开展，因此该政策是项"小政策"。某省是由一个四级调研员负责的，该调研员倒是对产教融合有很深的理解，个人有情怀，想将该政策做好，于是下了不少功夫。

该省在推动产业融合上，主要有以下措施：

一是响应国家政策，积极组织申报试点城市、试点企业。试点城市会有经费下拨，试点企业则有税收优惠。

二是组织队伍在省内外考察。考察的外省有山西、山东、广东等，了解其在产教融合上的具体做法和经验。省内走了四五个地级市，了解省内一些地级市的产教融合的经验及困难。

三是协调动员相关部门。去函其他部门，主要有教育厅、人社厅、工信厅、工商局等，让它们派人参加调研活动。参加调研的还有发改委价格处的一个副处长。该副处长是调研员邀请的最重要的官员，因为他掌控全省的价格政策，而产教融合涉及的一个根本问题是对职校学生的收费问题。因此，无论是在省外调查，还是在省内调查，调研员都"捆绑"着副处长。调研的目的是让涉及的相关部门制定政策的"现管"者了解情况，感受到这个事情的重要性、必要性和紧迫性，即改变他们的思想，后面制定的政策就容易得到他们的支持。但是，无论是去外省调研，还是在省内调研，其他部门基本上没参加。在省内调研时，人社厅的一个科长参加了少数几次行程。

四是组织省内试点，包括试点城市、试点企业、试点学校等。组织各单位到省内地市调研，也是政策宣传和组织动员的过程。其中很重要的一点是，宣传积极参与试点会得到项目、经费等好处。产业融合项目在地市或职校的座谈，发改委调研员每次在听取汇报后的发言都会或明或暗地表示积极参与产教融合项目者会得到省发改委和国家政策的支持。

五是外包课题。让高校教授参与对产教融合的调研和相关政策、规划的撰写。对于政策具体的推动和制定者来说，他们要的不是从课题报告中获得对产教融合的理解和对实际情况的掌握。如果说有这方面的考虑，也是很小的一部分。他们已经通过其他渠道了解到了足够支撑起政策出台的情况。高校教师的报告作为第三方的"权威"论证，是用来作为佐证的。对上，用报告向上级领导游说，论证政策出台的重要性，以获得领导的支持；对己，则通过报告向社会、向其他部门论证出台政策的合理性，给政策及出台行为以合法性，使自己有底气；对下，则下发报告，在政策没有出台、情况还不明朗之前，让下面效仿报告里的成功经验。……

六是整合现有资源。省发改委调研员的想法是，在不增加各部门资源，也就是不触动各部门现有利益的基础上，整合各部门在产教方面现有的资源，变分散在各点的资源为聚拢成块的资源，促成资源合力、政策合力，化零为整，最终形成整体大于部分的效力。整合资源的好处是可以减轻业务部门的阻力，业务部门既有的利益没有动，不增加他们的负担，同时也少增加财政厅的负担。

关于产教融合政策推动的背后逻辑，学者杨华有这样一段精辟论述：一项政策要推动落实，实现政策制定者的意图，关键是看谁来推动，与推动的机构和人有关。综合性政策，一般由发展改革委的具体科室、具体个人来推动。发展改革委的科室多，政策多，而领导的注意力有限，不可能对所有政策平均使力。那么，推动政策的科室和具体承担人就需要竞争领导的注意力，让领导重视自己推动的政策。政策推动者就需要做一些基础性的工作，包括协调部门内外相关力量、组织调研了解情况、发包课题撰写专家报告、开展试点提炼经验等。只有做了事情，才会引起领导关注。领导关注了，基础工作已经做了，再通过领导"出面"推动，政策的推动力度就会大增。

通过公共政策的有效供给来获得人民对执政党和政府的认同和支持，既有国家层面的顶层设计，也有地方治理上的探索与实践。复旦大学教授唐贤兴在其著作《大国治理与公共政策变迁：中国的问题与经验》中提出，执政党和政府宏观层面上的政策，最终是要落实在地方执行上的。因此，就地方治理实践来说，如何保持制度和政策的有效性，似乎更为重要。在中国这个超大社会里，地方之间的差异性和多样性特点决定了执政党和政府宏观层面上的政策只能是抽象的，可操作性不强，因此，它们不可能为每个地方都安排出非常具体的、便于操作的政策。由此可见，地方政府如果制定不适合地方特点的政策，不能因地制宜地进行治理，就很有可能会产生多方面的后果。

那么，地方政府如何因地制宜进行政策创新，从而推动地方经济发展呢？"温州模式"的发展经验就是一个典型案例。

"温州模式"孕育了中国市场经济和民营经济的最早胚胎,走的是一条城乡经济、治穷致富的新路子。其地方经济发展政策也经历了从遭到诟病到逐渐赢得认同再到成为地方发展政策典范的过程。下面,通过《大国治理与公共政策变迁:中国的问题与经验》一书中的相关论述,来看看"温州模式"的形成与发展过程。

改革开放以后,人多地少的现实困境迫使温州上百万农村剩余劳动力向二、三产业转移,在这一过程中涌现出一大批冲破阻力从事商品生产和经营活动的农村"重点户""专业户"。由于在改革开放初期,计划体制没有给个体经营以生存空间,国家经济管理的法律、法规大多不利于民营经济的发展,因此,温州民间的许多做法有悖于这些法律、法规和政策,这自然会引起社会争论和上级的限制和打压。这显然给地方政府造成了"扩散的忧虑和初始紧张",如果温州市政府要保护和支持民间的创新,就需要冒极大的政治风险。个体生产经营形式不被国家政策和体制认可,意味着社会期望和公共政策供给之间存在巨大落差。要发展还是要遵循国家的政策,温州地方政府必须作出选择。温州地方政府还是选择了突破政策边界以实现经济发展。20世纪80年代曾任温州市委书记的袁芳烈说道,他这样做是"把乌纱帽挂在裤腰带上顶风做事",并认为政府这样做是"最大的有为"。温州地方政府要做的是为转型期的企业活动提供环境和保护,让政府政策成为一项重要的生产要素,以降低民间经济发展的风险和成本。突破国家法律和政策边界的第一步,就是温州地方政府出台了一系列保护民营企业产权的地方规范性文件:《温州市挂户经营管理暂行规定》(1978年)、《温州市私人企业管理暂行办法》(1978年)、《关于农村股份合作企业若干问题的暂行规定》(1978年)、《关于对个体工商业户进行全面整顿、登记、发证工作的报告》(1980年)、《关于私营企业和股份合作企业若干问题的通知》(1988年)、《关于股份合作企业规范化若干问题的通知》(1989年)。这些地方性规则大大放宽了对个体经济的政策限制,推动了温州模式的产生和发展。例如,《关于对个体工商业户进行全面整顿、登记、发证工作的报告》让温州成为中国第一个发放个体工商执照的城市。

早在改革之初就使作为非公有制经济的个体经济得到承认和发展,不仅标志着温州市场经济的探索迈开了第一步,而且一大批个体工商户因为有了资本积累转而成为后来的民营企业家,这使得个体经济成了民营经济赖以发展和完善的重要基础和初始形态。此后几年温州市政府在此基础上连续颁布了若干加强管理和整顿个体经济实体的政策,并通过召开"两户"代表大会的形式,深化政策精神的宣传和政策内容的贯彻,以增强民营经济的发展动力。但后来出现了全国范围内对温州发展民营经济模式的争议和批评。原因在于20世纪80年代中后期，温州民营企业的假冒伪劣产品在全国造成了恶劣的影响。不过，政府没有在这种压力下让政策回头，而是加大政策供给，建立和完善规范的民营经济发展的政策体系，包括《关于股份合作企业规范化若干问题的通知》《关于治理整顿市区劳务市场，加强外来劳动力管理的通告》《关于加快我市市场建设的决定》等政策规范，通过规范股份合作制企业实体，积极建设各种市场体系，把民营企业的发展纳入有序的政策轨道。此后，地方政府开始有针对性地寻求最优经济效益、最强政策效能和最大组织力量的结合，通过进一步的政策和制度创新，推进符合"温州模式"发展的政策体系的构建。

1992年中共中央国务院出台了一项重大政策——《关于加快第三产业发展的决定》（中发〔1992〕5号）。这项政策的出台是以邓小平南方谈话为背景的。有了中央的政策精神，温州市在同年也出台了《关于鼓励个体和私营经济进一步发展的决定》和《关于大力发展股份合作企业的规定》，进一步推动产业结构的调整以及扩大民营经济在经济发展中的作用。如果此前温州市制定和实施推进民营经济发展的地方土政策是一种突破政策边界的"冒险"的话，那此时的地方政策便有了中央的政策依据，温州市的政策创新的潜能被激发出来。比如，1994年颁布了中国第一部"质量立市"的地方性法规《温州市质量立市实施办法》，逐步扭转并树立了温州民营企业的质量信誉。为了加快民营经济的配套改革，温州市政府制定了《关于全面实施企业职工社会养老保险的改革》等相关政策文件，提高民营经济政策的适用性。这一系列改革的最大特点在于，在传统的政策体系中寻找突破口，通过政府引导的方式，以自主政策创制为工具，构建适应自身发展优势的政策体系。地方政策在突破政策边界限制的同时，在本区域内不断提高民众和民间经济实体对政策供给的认同感，政策的实效性为其合理性提供了有力的证明。

在中央宏观政策的弹性范围内，如何塑造地方公共政策值得深思。"温州模式"恰恰为我们理解这一命题提供了实践样本。在该案例中，温州地方政府在既有的制度规则体系下进行政策创新，将上级政策精神和本地实际有机结合起来，不断加大公共政策供给，出台了一系列支持民营经济的政策。因此，"温州模式"一度成为越来越多的地方政府主导地方经济发展的坐标。

任何一项政策都不可能完美无缺，它需要在执行过程中不断修正、充实和完善。因此，政策决策者要根据政策执行过程中实际情况的变化来调整和完善政策，以提高政策的可行性和有效性。

正如《县乡中国：县域治理现代化》一书所言，政策出台之后，是否符合实际情况，是否产生了负外部性，需要在哪些方面进行修正，都需要从执行端反馈上来。层级之间通过政策沟通机制，将政策执行中的情况反馈上去。沟通机制畅通、渠道多元，上级在沟通中越平等、越有意愿、越不抓下级的"小辫子"，政策反馈就越及时、真实、活跃。这样，上级也更容易获得政策执行的信息，以及下级情况的信息，从而对政策本身作出准确研判，以对政策进行修正及作配套补充。

总之，政策执行不仅能检验政策，还可以不断充实和完善政策。总结有效的经验做法，可以为其他的政策执行提供经验和借鉴。如果在执行中发现问题和不足，则要予以修正和弥补，促进政策质量的进一步提高，以期政策问题得到最终解决。从这个意义上来说，政策执行是检验政策正确与否的重要途径。因此，政策制定者应高度重视执行过程中的信息反馈，利用反馈信息不断地修正和完善政策，进而使政策更科学、更符合实际。

## 第三部分

# 从政策文本端，把握政策内涵

政策性文件
政策撰写规范
政策文本分析

# 第七章　政策性文件

> 何为"政策性文件"？要弄懂这个问题，必须明确何为"政策"、何为"文件"。

本书第一章对"政策"和"红头文件"等已进行了较为全面的解读，此处不再赘述。本书所指的政策性文件是指蕴含公共政策内容的规范性文件，这也是本章探讨的重点。

## 一、政策与政策性文件

政策在政治生活中具有纲领性的作用，其基本功能主要有三项：导向功能、调控功能与分配功能。想要政策发挥应有的效果、实现自身的功能，就必然需要一定的载体，其中最有效的载体就是文件。文件是党政机关施政、履职的重要工具，需根据政策规定对某领域的工作作出进一步许可、限制或规定、说明。除却一些事务性的文件外，衡量一个文件含金量的重要标尺就是其中的"政策含量"。

要想深入探究政策与文件二者之间的关系，我们可以从文件视角对政策文本进行分析，也可以从政策视角对文件内容进行把握。从文件视角对政策进行分析，实际上就是对文件所承载的公共政策的制定、发布、宣传、落实等全流程进行分析的过程。从政策视角对文件进行剖析，其实就是对文件自身的"政策含量"以及文件背后的政策导向进行挖掘分析的过程。

以海南自贸港这片政策创新"试验田"为例。2018年4月13日，习近平总书记在庆祝海南建省办经济特区30周年大会的重要讲话中宣布："党中央决定支持海南全岛建设自由贸易试验区，支持海南逐步探索、稳步推进中国特色自由贸易港建设，分步骤、分阶段建立自由贸易港政策和制度体系。"[1] 海南自贸港建设由此扬帆起航。此后，中共中央、国务院先后出台《关于支持海南全面深化改革开放的指导意见》《海南自由贸易港建设总体方案》，全国人大常委会制定颁布《中华人民

---

[1] 《习近平在庆祝海南建省办经济特区30周年大会上发表重要讲话强调 党中央支持海南全面深化改革开放 争创新时代中国特色社会主义生动范例》，《人民日报》2018年4月14日。

共和国海南自由贸易港法》。海南自贸港建设政策领域的"四梁八柱"初步建立。海南按照"闯为基调、稳为基础、远近结合、小步快跑"工作方针，加快建立自由贸易港政策制度体系，推动关键核心政策性文件落地实施。放宽市场准入特别措施、贸易自由化便利化措施、外商投资准入和跨境服务贸易负面清单等政策性文件相继出台，"四梁八柱"政策框架体系基本建立。短短4年时间，自由贸易港多达150余项政策通过文件的形式颁布出台，政策受益面进一步扩大，政策红利进一步释放。

2018—2021年，海南省地区生产总值年均增长6.5%，地方一般公共预算收入年均增长8.1%，社会消费品零售总额年均增长9.6%。2021年主要经济指标增速历史性走在全国前列。从领袖高屋建瓴的讲话到政策文件密集出台，从大胆的制度创新再到政策的落地普惠，海南自贸港彰显了政策创新、制度创制的生动政治实践，也为我们了解政策与文件提供了一个鲜活视角。

政策性文件，主要是指国家机关、政府部门和其他社会团体，为了实现自己所代表的阶级、阶层的利益与意志，以权威形式，标准化地规定在一定的历史时期内，应该达到的奋斗目标、遵循的行动原则、完成的明确任务、实行的工作方式、采取的一般步骤和具体措施的文件。

政策性文件作为公共政策的载体，在中国政治生活中扮演十分重要的角色。有学者认为，"中国社会的一切重大变化都是以党的政策的变化为开端的，政策的变化是中国一切社会变化的原始推动力，这是由中国的政治系统的根本结构及其基本运行方式决定的"[①]。

一些政策受众在面对政策性文件时往往会有"政策冷冰冰、文件干巴巴"之感，其实这和政策性文件的功能定位有关，也与其体例风格有关。政策性文件要突出政治性，坚持正确的政治方向，就要在方向性问题上保持高度清醒，不能有丝毫含糊不清；要体现权威性，就要坚持严肃、严谨的总基调，在内容和形式上字斟句酌，在文风上也要严谨、庄重；要体现规范性，在文字上就必然是精准简洁的，在体例上是工整规范的，不会有过多的语言修饰，更不会有花哨的结构。

## 二、规范性政策文件

规范性政策文件是政策文件范畴中最常见的一类，也是非常重要的一类。它是指除政府规章外，行政机关及法律、法规授权的具有管理公共事务职能的组织，在法定职权范围内依照法定程序制定并公开发布的针对不特定的多数人和特定

---

[①] 李景鹏：《政治权利学》，黑龙江教育出版社1995年版，第182页。

事项，涉及或者影响公民、法人或者其他组织权利义务，在本行政区域或其管理范围内具有普遍约束力，在一定时间内相对稳定、能够反复适用的行政措施、决定、命令等行政规范文件的总称，是各级机关、团体、组织制发的各类文件中最主要的一类。

规范性文件有广义和狭义两种。广义的规范性文件一般是指属于法律范畴（即宪法、法律、行政法规、地方性法规、自治条例、单行条例、国务院部门规章和地方政府规章）的立法性文件和除此以外的由国家机关和其他团体、组织制定的具有约束力的非立法性文件的总和。狭义的规范性文件一般是指法律范畴以外的其他具有约束力的非立法性文件。当前这类非立法性文件的制定主体非常多，例如各级党组织、各级人民政府及其所属工作部门、人民团体、社团组织、企事业单位、法院、检察院等。与规范性文件相对应的是非规范性文件，它是指国家机关在其权限范围内发布的只对个别人或个别事有效而不包含具有普遍约束力的行为规范的文件。如判决书、任免令、逮捕证、公证书、结婚证书等。

规范性政策文件既要符合规范性文件的有关要求，同时又具备极强的政策属性。总的来说，规范性政策文件是在规范性文件范畴中的以政策为内核的政策性、纲领性文件，主要是发文机关用来作出重大决定、安排部署重要工作、提出对某领域的指导性意见、发布重要政策措施等的一类文件。

在政策文件发布中，发文机关通常用不同文号来区别文件的重要性和用途。规范性政策文件多采用"发"文号来发布，如国务院的"国发"文件，某省政府和省政府办公厅政策文件分别以"某政发"和"某政办发"发布。其他如用来向国务院请示报告工作的"某政呈"，宣布人事任免事项的"某政任"，对省政府部门、市政府的请示进行批复的"某政字"，进行办公厅内部事务管理的"某政厅字"等文件，均属于事务性文件，而非政策性文件。

规范性政策文件在印发版式上也有一定规律，一般是由发文机关的全称或规范性简称加"文件"二字组成。而其他的事务性文件的版式则只有发文机关全称或规范性简称加上文种，后面没有"文件"二字。

在中国，各级政府、各个部门均可印发政策性文件，不同层级之间的权威差别客观上也造成了政策性文件的权威差别。发文机关级别越高，文件权威性就越高，发文要求越为严格，发文内容越是精简审慎。这不仅是以上率下、身体力行改进文风的体现，同时也是制度设计的使然。兰小欢在《置身事内：中国政府与经济发展》一书中曾提出，"制度设计的一大任务就是要避免把过多决策推给上级，减轻上级负担，提高决策效率，所以体制内简化决策流程的原则之一，就是尽量在能达成共识的最低层级上解决问题"[1]。

规范性政策文件的层级从上至下,一般可分为"中央－省(自治区、直辖市)－市－县－乡镇"五个层级,形成了一条自上而下的"文件治理链"。其中规范性政策文件主要集中在前三个等级。这主要是因为,"在县域,主要是执行上级的任务,自己制定政策的空间较小。因此,县级在制定政策上与乡镇的沟通较少,政策转换过程中也较少与下级沟通,只有在政策推动中才会主动与乡镇沟通。但是,随着上级政策的刚性化,推动工作中上级已较少与下级沟通,只布置任务、提要求。县域的政策沟通主要体现在政策执行过程中,乡镇反馈和上级下乡调研了解情况"[2]。

此外,需要注意的是,上一级的规范性政策文件往往是下一级规范性政策文件的合法性来源。同一领域和主题的规范性政策文件,下一级的发文时间相比上一级通常具有一定的滞后性。而不同层级之间,根据发文需要和实际情况,所用的政策文体也有所不同。以"实施意见"和"措施"这两类常见的规范性政策文件为例,《关于……的实施意见》和《关于……的措施》是地方制定中央配套文件时常用的两类文种。"实施意见"

---

[1] 兰小欢:《置身事内:中国政府与经济发展》,上海人民出版社2021年版,第32页。
[2] 杨华:《县乡中国:县域治理现代化》,中国人民大学出版社2022年版,第544页。

适用于对重要问题提出指导意见和办法举措，在指导性上更为宏观，更多涉及形势判断、原则要求和总体部署等。"措施"适用于对上级部署提出科学高效、务实管用的落实方案，在操作性上更为具体，在内容上更侧重于细化工作任务、量化工作指标、明晰责任分工和实施路径，在形式上要求尽量清单化、条款化、简明化，避免穿靴戴帽。二者功能定位不同，切不可张冠李戴、相互混淆。

## 三、规范性政策文件的特点

为有效实现政策目标，规范性政策文件一般具有以下几方面的特点：

一是规范性和准确性。规范性政策文件要遵循严肃、严谨的总基调和规范、准确的基本要求，做到形势任务把握准确，分析说理深入透彻，政策举措合理可行，逻辑脉络清晰严谨，格式体例标准规范。规范不仅体现在政策文件的文字内容、格式体例等外在形式上的规范，还包括政策文件制发过程中程序上的规范。规范性政策文件在制发过程中，要严格执行评估论证、公开征求意见、合法性审核、集体审议决定、向社会公开发布等程序，从而确保制发工作规范有序。

准确主要包括思想上的正确、事实上的准确和内容上的精确。规范性政策文件作为贯彻党和国家意志的工具，必须严格遵守、高度契合党和国家的路线方针政策，真正做到以上率下；必须严格遵守实事求是的原则，符合客观实际，真正做到有根有据；必须严格遵守行文规范，在遣词造句、结构框架等方面精准简练，与政策意图和公文语境相吻合。

政策性文件中关于重要事件的定性和对形势的重大判断要同党中央精神保持高度一致，决不能随意更改。比如，某地在起草文件时提到"我国统筹疫情防控和经济社会发展取得重大战略成果"。党中央明确提出，"我国统筹疫情防控和经济社会发展取得重大成果，新冠肺炎疫情防控取得重大战略成果"。"重大成果"和"重大战略成果"虽然只差两字，但属于重大政治判断失误，二者内涵不同，决不能混用。

在政策性文件文字表达的准确性上，1946年5月4日中共中央发布的经毛泽东审定的《关于土地问题的指示》（史称《五四指示》）堪为学习范例。《五四指示》由刘少奇、任弼时主持起草，邓子恢、薄一波、黎玉等参与，由胡乔木执笔并三易其稿，最后经毛泽东修改定稿，是中国共产党集体智慧的结晶。这份政策文件的措辞拿捏得十分精准。比如，文件规定："对于抗日军人及抗日干部的家属之属于豪绅地主成份者，对于在抗日期间，无论在解放区或在国民党区，与我们合作而不反共的开明绅士及其他人等，在运动中应谨慎处理，适当照顾，一般应采取调解仲裁方式。一方面，说服他们不应该拒绝群众的合理要求，自动采取开明态度；另方面，应教育农民念及这些人抗日有功，或是抗属，给他们多留下一些土地，及替他们保留面子。"[1]这段行文字斟句酌、入情入理，不仅表明了态度，也很有人情味和说服力，对当时的土地改革工作具有很强的指导意义。

二是权威性和政策性。对于政策性文件的权威性，学者陈庆云从政策本质角度进行了解读："政府常常利用公共政策，去保护、满足一部分人的利益需求，同时抑制、削弱甚至打击另一部分人的利益需求，通过政策作用去调整利益关系，在原有利益格局的基础上形成新的利益结构。正是从这个意义上讲，公共政策的本质应该是政府对社会利益实行的权威性分配。"[2]《新编机关公文实务全书》一书中，对政策性文件的权威性这样认定，"政策性公文的权威性主要体现在制定者和内容上，党政机关公文是各级党政机关根据法律赋予的权限和职责制作和发布的，表达的内容是党政机关对特定问题的权威意见、看法和要求"。通过制发规范性政策文件，"把各级党政机关紧密联结在一起，统一思想，统一认识，使政令畅通，运转灵活，上下合拍，工作步伐整齐一致，以体现党和国家政权组织的

---

[1] 《刘少奇选集》上卷，人民出版社1981年版，第378—379页。
[2] 陈庆云：《公共政策分析第二版》，北京大学出版社2011年版，第36页。

权威"[①]。

规范性政策文件与其他类型的文件不同之处就在于,规范性政策文件是以"政策"为内核的,一份政策性文件的"成色"很大程度上取决于其"政策含量"。政策文件是党治国理政的重要工具,代表着党和政府的执政理念、执政思想,丝毫不能偏离党和国家的政治目标和政策轨道,不能有悖于党和国家的路线方针政策以及法律法规,具有很强的政策性要求。党政机关通过制发规范性政策文件传达政策、解决问题、推动工作,从而发挥领导和指导作用。

三是指导性和稳定性。规范性政策文件是根据现实需要,为解决某个特定问题和指导某项工作而制发的,不仅要体现制发机关的政策意图和精神,而且要结合实际,具有指导性和可操作性。只有有的放矢,受文者才能知道劲往哪里使,在实际工作中才行得通,有效果。在党的七大上,毛泽东提出全党要"准备吃亏",强调"要在最坏的可能性上建立我们的政策"[②]。邓小平强调:"我们要把工作的基点放在出现较大的风险上,准备好对策。"[③] 制定规范性政策文件应坚持底线思维,增强忧患意识,要充分考虑到政策的可延续性和稳定性,这主要

---

[①] 魏建周:《新编机关公文实务全书》,人民日报出版社2012年版,第3页。
[②] 《毛泽东文集》第三卷,人民出版社1996年版,第388页。
[③] 《邓小平文选》第三卷,人民出版社1993年版,第267页。

体现在政策执行中的稳定性以及在面对外界条件突发变化时的应变性。一份合格的规范性政策文件,既要能最大限度地实现政策目标,同时也要争取尽量少地消耗各种政策资源;不仅要能对多种风险具有最大的应变性,也要在政策实施中产生最小的负面效应。

以机构改革政策为例。改革开放以来,我国已进行了9次国务院政府机构改革,按照每五年一个周期,形成了世界上少有的稳定性、周期性改革机制。国务院组成部门由1982年的100个削减为2018年的26个。2018年3月13日,中共中央印发《深化党和国家机构改革方案》,该方案是指导新时代党和国家机构改革整体性变迁的纲领性文件。学者王婷、双传学指出,新时代党和国家机构改革,"以制度设计为基点,推动党和国家组织机构的系统性重构","以制度规范为导引,推动党和国家机构改革循序渐进","以制度创新为动力,推动党和国家机构改革活力与秩序的有机统一"。[1] 习近平总书记指出:"完成组织架构重建、实现机构职能调整,只是解决了'面'上的问题,发生了'物理变化',真正要发生'化学反应',还有大量工作要做。"[2] 我国政府机构改革不可能一蹴而就,也不会

---

[1] 王婷、双传学:《党和国家机构改革的制度溯源及其运行逻辑》,《中国行政管理》2021年第9期。
[2] 习近平:《论坚持党对一切工作的领导》,中央文献出版社2019年版,第299页。

一劳永逸，必须因时而变，始终保持政府机构与国家发展和社会治理的内在契合。在深化地方机构改革方面，由于我国地域广阔，省一级区划有30多个，地市一级有300多个，县级近3000个，各地情况千差万别。要想激活地方机构改革的一池春水，应做好"因地制宜"这篇文章。要在确保上下贯通、执行有力的基础上，用好中央赋予的自主权，在保持政策稳定性的基础上，体现地方的灵活性与创造性。

## 四、规范性政策文件的制发要求

规范性政策文件在政策文件中具有重要地位，具备鲜明特点，也遵循着严格的拟稿和印发要求。根据《党政机关公文处理工作条例》第五章第十八条规定，"公文拟制包括公文的起草、审核、签发等程序"。《国务院办公厅关于加强行政规范性文件制定和监督管理工作的通知》（国办发〔2018〕37号）指出，"制发行政规范性文件是行政机关依法履行职能的重要方式，直接关系群众切身利益，事关政府形象"。2014年，中央明确提出，对文山会海等9个方面问题开展专项整治。各级各类机关应严格控制发文总量和规格，原则上可用电话答复、原件批回或短信、便函等方式解决问题的不再发文。

近年来，各地区、各部门不断加强规范性政策文件制发工作，取得了一定成效。我国绝大部分地区基本实现了规范性政策文件统一登记、统一编号、统一公布的"三统一"，初步实现了规范性政策文件的规范管理。但乱发文、出台"奇葩"文件的现象还不同程度地存在，损害了政府公信力。要进一步对规范性政策文件制发进行规范管理，重点要注意把好以下关口：

一是把好行文关。在发文内容方面，要坚持法定职责必须为、法无授权不可为，严格按照法定权限履行职责。要严格落实权责清单制度，不得增加法律、法规规定之外的行政权力事项或者减少法定职责；不得超越职权规定应由市场调节、企业和社会自律、公民自我管理的事项；不得违法制定含有排除或者限制公平竞争内容的措施，违法干预或者影响市场主体正常生产经营活动，违法设置市场准入和退出条件等。政策文件在主题和内容上必须严格遵守党的各项路线方针政策、国家法律法规，完整、准确地体现发文机关意图。要坚持实事求是，从实际出发，所提政策措施和办法要切实可行，具有可操作性和可执行性。

在发文数量方面，要杜绝"文山会海"现象，严格控制数量，提升发文质量，凡法律、法规、规章和上级文件已经作出明确规定的，现行文件已有部署且仍然适用的，不得重复发文；对内容相近、能归并的尽量归并，可发可不发、没有实质性内容的一律不发，严禁照抄照搬照转上级文件、以文件"落实"文件。比如，《广西壮族自治区人民政府办公厅关于印发进一步精简文件简报改进会风和自治区人民政府领导同志深入基层调研四个规定的通知》明确规定："请示性公文控制在1500字以内。一般性公文控制在3000字以内，确有需要的原则上不超过5000字。"

二是把好程序关。要规范制发程序，严格依照法定程序制发规范性政策文件，严格按照评估论证、公开征求意见、合法性审核、集体审议决定、向社会公开发布等程序，确保制发工作规范有序，形成全链条管理、全流程跟踪的文件制发闭环机制。

我国规范性政策文件的制发程序，充分体现了民主集中制。以征求意见环节为例。规范性政策文件在出台前应广泛征求意见建议。政策内容涉及其他地区或者部门职权范围内的事项，起草单位必须征求相关地区或者部门意见，力求达成一致。除依法需要保密或不予公开的情况外，对涉及群众切身利益或者对公民、法人和其他组织权利义务有重大影响的政策性文件，要向社会公开征求意见。起草部门可以通过政府网站、新闻发布会以及报刊、广播、电视等便于群众知晓的方式，公布文件草案及说明等材料，并明确提出意见建议的方式和期限。对涉及群众重大利益调整的，起草部门要深入调查研究，采取座谈会、论证会、实地走访等形式充分听取各方面意见，特别是利益相关方的意见。

三是把好文字关。规划性政策文件的文本应做到主题突出、结构严谨、文字精练、格式规范、文种正确。把好文字关首先要对文字内容进行审核把关，主要针对文字表述是否通顺、流畅、精练，是否会引发歧义，观点与材料是否统一，文题是否相符，是否有错别字等。此外，要把好文种关。检查是否准确、规范地使用《党政机关公文处理工作条例》明确规定的公文文种。还要把好格式关，检查确认公文格式要素是否完整齐全，标注是否规范。

朱镕基在任上海市市长期间，曾语重心长地对机关干部说："你们不要再让我做'语文老师'了。我在国家经委时经常做'语文老师'，白天开会，晚上批改文件，从语言文字，到标点符号，牵扯了不少精力。"有一次朱镕基在北京开会，上海市将一份改革猪肉销售价格，即暗补改明补的文稿作为急件发到北京请他签批，由于工作疏忽，文中出现三个错别字，如"职工赡养家庭人口系数"中的"赡"，应是"贝"字旁，却打印成"目"字旁，"赡养"成了"瞻养"。朱镕基把这三个错别字一一改正过来，并批示："注意，你们把错别字送到北京来了！"这样的事例，对于公文起草人员以及机关干部而言，都应引以为戒、警钟长鸣。

四是把好审核关。在公文审核环节,起草部门要及时将送审稿及有关材料报送制定机关负责合法性审核的部门,由审核部门对文件的制定主体、程序、有关内容等是否符合法律、法规和规章的规定,是否严格依照规定的程序起草,是否进行评估论证,是否广泛征求意见等进行审核。未经合法性审核或者经审核不合法的,不得提交集体审议。此外,要对文件有关政策措施的预期效果和可能产生的影响进行评估把关,尤其是对专业性、技术性较强的规范性政策文件,要组织相关领域专家进行论证。评估论证结论要在文件起草说明中写明,作为制发规范性政策文件的重要依据。

此外,还要注意一些审核细节。比如,审核发文单位负责人审签和有关单位会签情况,审核哪个或哪几个单位发文,单位使用的全称或简称是否规范,审核文件是否需要编文号以及公开方式是否恰当,审核文件印发份数是否恰当等。此外,对文字、格式等细节要再次进行严格审核把关。比如,文种是否正确,格式是否规范,人名、地名、时间、数字、段落顺序、引文等是否准确,文字、数字、计量单位和标点符号等用法是否规范以及排版、版式是否符合要求。比如,一些单位在起草制定文件及会签过程中,会签单位主要负责人有所变化,那么在最终印发程序中,签发人应当与目前单位最新的主要负责人保持一致。再比如,在文件印发排版中,要对发文单位全称进行仔细核对,如"文化和旅游局"的"和"字在全称中不可缺少,地方发改部门是使用"发展改革委"还是"发展改革局"要确认准确。

五是把好发文关。发文环节主要有复核、签发、印发等环节。规范性政策文件正式印发前,办公厅(室)要对文件审批手续是否完备、会议审议通过情况、会签手续是否齐全、文件内容是否已按要求修改完善、附件是否齐全等进行复核。

签发是政策文件定稿的最后一个关键环节。文件经过法定领导签发即成定稿,产生效力。在签发阶段,根据规定公文应当经本机关负责人审批签发。重要公文和上行文由机关主要负责人签发。党委、政府的办公厅(室)根据党委、政府授权制发的公文由授权机关主要负责人签发或者按照有关规定签发。签发人签发公文应当签署意见、姓名和完整日期,圈阅或者签名的,视为同意。如主要领导不在,被主要领导授权代行签发的文件,应在签发人姓名右侧注明"代"字。如属于联合发文的,由所有联署机关的负责人会签。会签后要及时转回主办单位或部门,及时办理发出。

在公文印发环节中,印发前由机关办公厅(室)负责登记编号,由拟文处室对拟印发的公文进行最后校对,确认无误后送印并加盖印章。对在规定时限内必须印发的公文,如果机关领导因故不能及时签发的,由拟文处室负责人用电话或短信向机关领导请示，并及时向办公室反馈领导是否同意印发的意见。对领导同意印发的公文，先印发，后呈相关领导补签。在办理意见栏中要特别注明："经请示领导同意，先印发，后呈领导补签。"

六是把好解读关。规范性政策文件正式印发后，有关部门应及时通过政府公报、政府网站、政务新媒体、报刊、广播、电视、公示栏等向社会公开发布。对涉及群众切身利益、社会关注度高的规范性政策文件，起草部门要做好出台时机评估工作，在文件公布后加强舆情监测，及时研判处置，主动回应关切。有关部门通过新闻发布会、媒体访谈、专家解读等方式进行政策宣传解读，充分利用政府网站、社交媒体等加强与公众的交流和互动，运用大数据等技术手段实现对政策文件实施效果和舆情反响的动态化监测。

在"人人都有麦克风""人人都是新闻发言人"的全媒体时代，如何在聚光灯下和群众面对面、心贴心作交流，推动权威声音直抵人心，是党政领导干部的一项必备技能，也是实现社会治理能力现代化的一道必答题。浙江官方宣传公众号"之江轩"曾这样生动评价全媒体时代的政府新闻发布："在众声喧哗的舆论场上，权威声音不仅要追求'泛起阵阵微波涟漪'的细腻感，也要追求'一石激起千层浪'的穿透力。"政策文件的官方语言虽然注重逻辑严谨、表述规范，但在进行政策宣传解读时,要善于把"官样文章"转换成"百姓话语",把"普通话"变成"地方话",用潜移默化、润物无声的柔性传播与人民群众产生"化学反应"和"共情"。

# 第八章　政策撰写规范

> 政策性文件是公共政策的载体，在政治生活中扮演着十分重要的角色。

撰写政策性文件应遵循严格的规范要求。2018年，国务院办公厅印发《关于加强行政规范性文件制定和监督管理工作的通知》（国办发〔2018〕37号），提出"严格制发程序、认真评估论证、广泛征求意见、严格审核把关、坚持集体审议、及时公开发布"等6项具体要求。制发政策性文件，程序正确是根本，起草撰写是基础。本章主要对政策性文件的起草撰写相关要求加以讲解。

## 一、写作步骤:"五步法"

通过梳理对比各级政府部门政策性文件的撰写情况,将政策性文件的撰写步骤归纳为"五步法",即"对、汇、访、磨、盯"。

第一步"对"。起草政策性文件首先要把准政治方向。要精准对标对表,学深悟透上级要求,全面掌握上级指示精神及上位文件精髓,确保政策性文件"上要着天,下要着地,吃透两头,兼顾左右"。

第二步"汇"。建立健全资料库是起草政策性文件的基础。要按照"全、快、精"的要求汇总资料,在建立完整资料库的基础上,描绘出政策全景图,做到"案头知全局"。

第三步"访"。政策的形成,总是经过深入的调查研究,使之具有坚实的实践基础、科学的理论依据。起草管用的文件,避免制定不接地气的"空中政策",就要走好群众路线,深入走访调研,广泛征求多方意见,精准掌握基层一线情况和服务对象的真实诉求。"耳闻之不如目见之,目见之不如足践之"。习近平同志在浙江省工作期间,坚持调研开局、调研开路,问计于基层、问计于群众,每年至少用三分之一以上时间深入基层和部门调查研究,几乎跑遍了浙江省的山山水水,在实践中跑透了浙江省的省情市情县情,蹚出了一条适合浙江省发展的新路,创造性提出了"八八战略"科学决策部署,着力发挥八个方面优势,采取八个方面举措。时至今日,"八八战略"始终引领浙江省高质量发展,造福一方百姓,成为经得起实践、人民和历史检验的科学决策。

第四步"磨"。去繁取精,进行文字润色,打磨文件力求精准。毛泽东对文章和文件标题中的每个字都很讲究,在编《毛泽东选集》时,他把标题《学习与时局》改为《学习和时局》,把《目前形势与我们的任务》改为《目前形势和我们的任务》,虽然"与"和"和"都是连词,但"和"比"与"更为口语化,更易于传播。政策性文件无论从题目还是内容,都要一再打磨,力求准确简洁务实。

第五步"盯"。紧盯文稿、紧跟流程,拾遗补阙、完善定稿,保证不出低级错误。这是文件出台前的最后一步,也是关键的一步。往往很多低级错误和关键性错误就出在这一步,需要格外引起重视。比如,有些文件从起草到正式印发,历经数月甚至跨年,在起草时有些会议还没有开,一些最新的方向性的要求和提法还没有提出来,但在正式印发前,需要对文稿尤其是指导思想、基本原则等内容与最新的要求对标对表,防止疏漏。

如果将起草撰写一份政策性文件比喻为建房子,那么框架结构就如同建房子的四梁八柱。政策性文件虽然主题、类型等不尽相同，但在结构上往往遵循相似的逻辑框架。一般来说，由开头帽段、指导思想、基本原则、主体内容、保障举措等部分组成。各部分在文件中的功能定位不同，起草要求也不同。如点题帽段要体现导向性，指导思想要体现政治性，基本原则要体现概括性，主体内容要体现逻辑性，保障举措要体现执行性等。

撰写政策性文件的最终目的，是出台管用的政策，解决现实的问题。因此撰写过程中要避免搞形式大于内容的"花架子"。谋篇布局、遣词造句固然重要，但政策性文件的内核在于政策举措的实效性、针对性。如果过于关注标题漂不漂亮、段落工不工整，那便是舍本逐末。

## 二、政策文件的撰写要求

朱镕基在2000年与国务院研究室同志座谈时，曾对政策研究工作提出以下几点要求：第一，思想要新，要赶得上时代的潮流；第二，要加强自己的语言文字修养；第三，要紧密围绕政府工作和急需解决的问题。这三个要求，对政策研究室起草文件具有很强的指导意义。总结起来就是"三个要"：思想要新、文字要精、举措要实。思想不新，就不能体现政策的理论深度和思想引领性；文字不精，就不能体现政策的精准精确和高度凝练性；举措不实，就不能体现政策的可落地性和可实践性。具体到政策文件撰写方面，一份高质量的政策文件在撰写过程中离不开以下四方面具体要求。

方向正确。对标对表、掌握吃透党中央决策部署和上级要求，是起草好政策文件的根本遵循。对于政策文件而言，坚持正确的政治方向是生命线。要吃透上情、摸清下情，为起草高质量政策文件打牢基础。要坚持导向性原则，把准正确的政策导向，学深吃透党的路线方针政策，全面准确领会上位文件精神、上级部署要求，完整、准确、全面贯彻新发展理念，确保政策措施方向不跑偏。要坚持全局性原则，做到中央与地方、全局与部门统筹协调，避免片面追求部门或地方利益。要坚持合法性原则，无论程序还是内容，都要严格遵守上位法确立的原则和精神，不与上位法相抵触。

内容明确。毛泽东在《工作方法六十条》中指出："文章和文件都应当具有这样三种性质：准确性、鲜明性、生动性。"[1] 其中，准确性被放在了第一位。毛泽东还强调，"准确性属于概念、判断和推理问题，这些都是逻辑问题"[2]。"内容明确"这一要求，具体到政策文件中主要体现为起草政策文件条文要准确具体。条文是政策性文件的基本单元，政策性文件的条文内容应围绕主题，明确具体，要可衡量、可操作、可考核、可

---

[1] 《毛泽东文集》第七卷，人民出版社1999年版，第359页。
[2] 《毛泽东文集》第七卷，人民出版社1999年版，第359页。

检验。

逻辑严密。李雪勤在《怎样起草文稿》中说道:"注重谋篇布局,讲究逻辑关系。在文稿起草过程中,收集资料、占有资料主要是解决'言之有物'的问题;提炼观点、阐述思想主要是解决'言之有理'的问题;谋篇布局、理顺逻辑则主要是解决'言之有序'的问题。"[1]在政策性文件中,每个条文的内容应当相对独立、完整、准确,长短适当;各条文之间应当存在法律上、事实上或逻辑上的内在联系,从而形成科学严密的行文逻辑。

文字精练。文字的精练包含精确和凝练两个方面。2010年5月12日,习近平同志在中央党校春季学期第二批入学学员开学典礼上指出,改进文风,要在短、实、新三个方面下功夫。这也是政策文件起草应当遵循的要求。所谓"精神到处文章老,学问深时意气平",政策文件是对公文功底要求最高的公文形式之一,要求用精练、朴实、平和的语言,表达内涵深刻的思想。尤其是要高度重视规范表述的完整准确,不能多词,也不能少词,更不能随意断句造词。在精练方面,一般来说,政策性文件篇幅不超过10页,戴帽穿靴的内容应减则减,开门见山、直奔主题、宜短则短,意尽文止。

---

[1] 李雪勤:《怎样起草文稿》,浙江人民出版社2019年版,第36—37页。

## 三、必要性、人民性、有效性、可行性

我国清末新兴启蒙思想家严复在《天演论》中认为："译事三难：信、达、雅。求其信，已大难矣！顾信矣，不达，虽译，犹不译也，则达尚焉。"翻译讲究的"信、达、雅"，即要忠于原文、译文通顺、简明优雅。起草政策文件在某种程度上也是"翻译"的过程，即将执政党的执政理念和施政纲领，通过政策文件的形式传达给大众，通过政策落地执行，将务虚的政策转化为务实的举措。一份好的政策文件应当具备以下特点：必要性、人民性、有效性、可行性。

一是必要性。一份好的政策文件要坚持目标导向、问题导向和结果导向相统一，要搞清楚制定文件要实现什么目标、解决什么问题、达到什么效果，有针对性地研究制定务实管用的政策措施，避免简单机械地"以文件落实文件"。

2021年，《中共中央 国务院关于完整准确全面贯彻新发展理念做好碳达峰碳中和工作的意见》（以下简称《意见》）和《国务院关于印发2030年前碳达峰行动方案的通知》（以下简称《通知》）相继印发，碳达峰碳中和"1+N"政策体系基本确立。其中，《意见》是"1+N"中的"1"，《通知》是"N"中为首的政策文件。"双碳""1+N"政策文件的出台，体现了党中央、

## 读懂政策

国务院对"双碳"工作的高度重视。2020年12月召开的中央经济工作会议将做好"双碳"工作作为2021年八大任务之一，2021年3月15日召开的中央财经委员会第九次会议提出，实现碳达峰、碳中和是一场硬仗，也是对我们党治国理政能力的一次大考。降碳任务之重、时间之紧迫前所未有。此外，全球应对气候变化博弈激烈，国内部分地方对"双碳"的认识存在误区，有的地方把"碳达峰"变为"碳冲锋"，有的没有坚持全国一盘棋，脱离本地实际搞运动式"降碳"。面对这种情况，加强"双碳"领域顶层设计势在必行。2021年5月26日，碳达峰碳中和工作领导小组第一次全体会议在北京召开。2021年10月，"双碳"顶层设计文件《意见》及《通知》正式印发。这两份文件的印发，不仅弥补了"双碳"领域顶层设计的空白，也是应对国际国内形势的必要举措。

二是人民性。政策制定的根本受益者是人民。要坚持以人民为中心，始终将人民作为永恒的政治坐标，自觉把以人民为中心的发展思想和以人为本的理念贯穿落实到研究制定政策文件的全过程。将人民满意不满意、高兴不高兴、答应不答应，作为起草政策文件的出发点和落脚点，着力从政策层面推动解决基层人民群众的急难愁盼问题，提高制定政策的精准度和政策温度。2014年3月18日，在河南省兰考县委常委扩大会议上，"习近平讲述冯梦龙'上任走了半年'的故事，联系自己

'披荆斩棘、跋山涉水'下基层的经历,正是为了重申调查研究的重要性,勉励领导干部俯身向下、联系群众"①。民意民愿是政策制定的逻辑起点和现实落脚点。兰考县充分发挥当地作为焦裕禄精神发源地、中国家居之乡和民族乐器之乡的政治优势、区位优势和产业优势,在中央、省市各级政策支持下,专项扶贫项目资金审批权逐级下放、出台普惠金融扶贫政策、发展畜牧养殖业……一系列惠民措施让兰考群众从政策里看到了希望、寻到了盼头。2014年兰考尚有7.7万人生活在贫困线上。2017年3月27日,河南正式宣布兰考率先脱贫。

新冠疫情期间,从国家到地方出台了大量关于助企纾困、困难群众救助等政策文件。2022年国家发展改革委等部门联合印发《关于促进服务业领域困难行业恢复发展的若干政策》,各地纷纷响应,出台本地的配套政策举措。云南省出台《关于落实促进服务业领域困难行业恢复发展的若干政策》,持续做好"六稳""六保"工作,持续释放政策红利,云南省各门类服务业持续回暖,2022年第一季度全省规模以上服务业营收增长9%,社会消费品零售总额同比增长3.6%,高于全国0.3个百分点。

三是有效性。能够有效解决问题的政策才是好政策。所

---

① 人民日报评论部:《习近平讲故事》,人民出版社2017年版,第156页。

谓"有效",体现在实效和时效两个方面。"要实事求是,一时还不成熟,不能列为法律、法规的,还是多搞些政策性的规定、条例为好,要讲求实效嘛。对某个问题做几条规定,顺应潮流作为政府的政策去办,经过几年实践证明这个问题可以立法了,再去立法。"[①] 2021 年,上海市委、市政府印发《关于支持中国(上海)自由贸易试验区临港新片区自主发展自主改革自主创新的若干意见》(以下简称《若干意见》)。《若干意见》是《关于促进中国(上海)自由贸易试验区临港新片区高质量发展实施特殊支持政策的若干意见》的 2.0 版。临港新片区自成立以来,改革不断走向"深水区""无人区"。作为 2.0 版本的《若干意见》以解决临港新片区改革创新发展过程中遇到的政策痛点堵点问题为导向,改革试点更加深入、产业政策更加精准、政策内涵更加拓展。

该文件起草组的同志在接受新闻媒体采访时说:"制度创新是临港新片区这艘大船的发动机,风险防范则是保障新片区平稳行驶的压舱石。我们的政策既要放得开又要管得住,有制度创新才能开得快,有风险防范才能开得稳。"从一周年到两周年,《中国(上海)自由贸易试验区临港新片区总体方案》分解出的 78 项政策和制度创新任务完成量在一年内由过半递增

---

① 《朱镕基上海讲话实录》,人民出版社 2013 年版,第 178 页。

到90%，典型创新案例由32个翻倍到60多个，全面系统集成改革创新的成效逐步显现。两年时间，从政策1.0版本到2.0版本，生动诠释了一份时效性强的政策文件在改革创新中发挥的效能作用。

四是可行性。政策性文件出台的根本归宿是政策落实执行。一份好的政策性文件必然是可执行的、便于执行的。尤其是行动方案、实施意见等类型的政策性文件主要聚焦某一领域办实事，政策的可行性就是衡量政策文件含金量的关键标尺。2020年6月30日，中央全面深化改革委员会第十四次会议审议通过了《国企改革三年行动方案（2020—2022年）》。该行动方案是国有企业改革"1+N"政策体系和顶层设计的具体施工图。自2020年以来，国资央企深入推进国企改革三年行动，层层压实责任，狠抓落实落地，截至2022年1月初，"三年行动"的七成目标任务已顺利完成。任务的顺利推进与该行动方案在制定过程中就充分论证考虑了后期可执行性和可落地性密不可分。

此外，政策性文件在制定过程中还要坚持有所为、有所不为。如在《中共中央 国务院关于支持浦东新区高水平改革开放打造社会主义现代化建设引领区的意见》起草过程中，为协调一批主要改革开放措施，有关部门多次召开专题协调会，最终确保多项针对性强、含金量高的举措得以保留。但是，这并非意味着对其所有领域都无差别支持，比如，在用地空间上还是以限制性政策为主，并在发展扶持政策方面与海南自由贸易港、深圳先行示范区有所错位。

## 四、政策性文件撰写的注意事项

做好政策性文件撰写工作，除了上述的常见规范要求外，在日常公文实践中，还应具备前瞻性思维、系统性思维和全流程思维。具体来说要注意从以下几个方面加以把握。

把握好"时效度"。"治大国如烹小鲜"，政策文件起草也要注意把握"火候"。《秘书工作》杂志曾刊登过一篇题为《起草过程"不能草"——浅谈地方党委意见的起草》的文章，文中写道："上位文件已经出台且明确提出配套要求的，要做到'其疾如风'，及时启动起草程序；上位文件暂未出台但已列入发文计划的，要做到'其徐如林'，从容有序跟进了解最新政策导向，预判发文时间，多向上级主管部门请示报告；对确无发文必要性或存在严重合法合规性问题、时机不成熟的，要做到'不动如山'，谨慎评估发文必要性，坚决防止'不必要发文''逆行发文''抢跑发文'。"[①] 这段话对于把握政策文件的"时效度"很有启示意义。"言当其时，一字千金；言背其时，一文不值"。

---

① 胡溢超、彭阳华：《起草过程"不能草"——浅谈地方党委意见的起草》，《秘书工作》2021年第7期。

丁薛祥在担任中央办公厅常务副主任、国家主席办公室主任时，曾强调要"参之有道""谋之有方""言之及时"。谋势有战略眼光、谋策抓要害，辅政才能有力有效。对于政策制定而言也是如此，要多下"及时雨"，不下"跟风雨"，不放"马后炮"，更不能出现"空头支票"，让人民群众和政策受众真正感受到恰逢其时、恰到好处的政策"甘霖"。

坚持系统思维。地方或部门在制定政策文件时，应充分考虑整体政策安排与某一具体政策的关系、系统政策链条与某一政策环节的关系、政策顶层设计与政策分层对接的关系、政策统一性与政策差异性的关系、长期性政策与阶段性政策的关系等重点关系，切实增强政策措施的集成性和协同性。此外，要具备前瞻性思维，强化"政策留白"意识，在制定文件时要充分考虑文件的时间覆盖度，加强前瞻性和预判性，预留政策留白区和调整区，防止后期政策执行或调整时带来被动。

强化全流程管理。程序合法化是内容合法化的重要保障。起草规范性政策文件，要对有关政策措施的预期效果和可能产生的影响进行评估，对该文件是否符合法律法规和国家政策、是否符合社会主义核心价值观、是否符合公平竞争审查要求等进行审核。对专业性、技术性较强的行政规范性文件，要组织相关领域专家进行论证。评估论证结论要在文件起草说明中写明，作为制发文件的重要依据。

以《深圳市政府审批制度改革实施方案》的起草颁布过程为例，我们可以初步了解政策文件从酝酿、起草、征求意见、上报审议到印发实施的整体流程。该方案从 1996 年开始酝酿，1996 年 8 月市委常委扩大会议研究了政府审批议题，1997 年 1 月，深圳市经济体制改革办主任张思平以个人名义给时任深圳市委书记厉有为和深圳市市长李子彬写信，提出"以清理和审定审批项目为重点，实现转变政府职能改革重大突破"的建议。李子彬市长批示："思平同志的意见有道理，和有为同志也几次议过这个问题，似可下决心进行。先理清各部门现在到底有多少审批项目，至于哪些能取消、合并，慎重研究，与国家、省有关部门联系好。请有为同志阅示。"1997 年 3 月 6 日，深圳市政府成立由常务副市长李德成担任组长的改革审批制度转变政府职能调研小组，开展全面调研。1997 年 12 月，深圳市委、市政府成立了由李子彬市长担任组长的深圳市政府审批制度改革领导小组及其办公室。在半年多时间调研的基础上，深圳市政府起草了《深圳市政府审批制度改革实施方案》（以下简称《实施方案》）。《实施方案》在提请市委常委会议审议之前，广泛征求了市委、市人大、市政府及各区政府、市属重点企业的意见建议。1997 年 12 月 17 日，《实施方案》提请市委常委会议审议，获原则通过；1998 年 1 月 25 日，市委、市政府正式颁布实施该方案。[①] 环环相扣的严密流程，为文件的印发提供了坚实的程序基础。

## 五、政策性文件的质量评判标准

文件质量是政策性文件的"生命线"，是衡量政策绩效的重要标志之一。那么，如何辨别政策性文件的质量？以怎样的评判标准来科学衡量呢？

近年来，公共政策质量研究备受国内外学术界关注。在研究视角方面，从早期的静态政策质量内涵体系考察逐步发展到新兴的动态的、过程性的多维度研究；从研究内容方面，注重从政策环境、政策系统、政策能力、政策资源等全视角以及政策质量评估、政策结果与目标契合度、政策相关者权益保障等全过程进行全方位研究。此外，还有一些学者尝试对公共政策质量进行实证研究和案例研究。

本书结合国内外专家学者的思考和研究，从内部和外部两个维度来对政策性文件的质量进行评判。从内部来看，可从科学性、合法性和创新性三个指数维度来评判考察政策文件的内在质量；从外部来看，可从执行性、预期实现性、满意度三个指数维度来评判考察政策文件的外在质量。

---

[①] 李子彬：《我在深圳当市长》，中信出版社2020年版，第461页。

一是科学决策指数。一份成熟的政策性文件，是集体智慧的结晶。起草政策性文件，如涉及重大公共利益和公众权益，除依法应当保密外，应在报批前通过调研、座谈会、专家咨询等形式广泛听取社会各界意见，听民意、访民情、汇民智，增强政策文件制定的透明度和公众参与度，提升科学决策指数。

关于如何协调处理政策文件征求意见过程中的不同意见建议，吴官正在《闲来笔潭》中谈道，他在与中办调研室五组同志谈话中曾说，"搞文字工作，写材料就像'二月天'，很不容易。有的时候一个人一个看法，左右为难，这是很自然的。只有左右为难，人才能逐渐成熟起来"[1]。李雪勤在《怎样起草文稿》中谈道，"在起草《中国的反腐败和廉政建设》白皮书征求意见稿时，由于涉及的面比较广，特别是政法系统的领导和专家都有参加，大家往往都会从本单位的角度来提出修改意见和建议。这时你就要按照主导性原则，站在党和国家全局的高度来把握和协调，既要保持文稿的高度和质量，又要尽量体现大家的意见并形成最大共识，使这个文稿最大限度地发挥应有的作用"[2]。

二是程序合法指数。程序合法性是保障内容合法性的基础。政策文件的制定要严格落实依法行政要求。在起草制定过程中，要经过多轮的论证、评估、起草撰写、征求意见、会签、阅核、

---

[1] 吴官正：《闲来笔潭》，人民出版社2013年版，第174—175页。
[2] 李雪勤：《怎样起草文稿》，浙江人民出版社2019年版，第282页。

报批、印发、公开等程序。特别是对涉及公民、法人或其他社会组织权利义务的规范性文件，需由有关法制工作机构进行合法性审查，并提出书面审查意见，作为决策的重要依据。

1997年，深圳市率先在全国启动政府审批制度改革。市政府各部门通过清理自查，上报市政府审批制度改革领导小组办公室要求保留的审批和核准事项达1100项，涉及作为审批依据的各类法规、规章、规范性文件有2360多项，最多的一项审批涉及9个文件。时任深圳市市长李子彬在回忆这段改革历程时，记录下了这段难忘的时光："改革办公室的同志要加班加点，一篇篇地查，一字字地看，逐项审核审批的依据，并研究各项依据之间是否存在矛盾，规定是否已经过时，有关部门在实施过程中是否超越了权限，哪些事项应该取消审批，哪些可以保留等，工作量相当大。加上有个别部门本身对其审批项目的依据都不太明确，这更加大了审核工作的难度。由于牵涉部门权力和利益的调整，改革办公室确定或取消任何一项审批项目都要逐个部门进行协调。为此，改革办公室与各个部门和单位在几个月时间里开过87次协调会，其中最多的一个部门协调了6次。常务副市长李德成亲自主持的重大事项协商会就开过多次。"1998年8月25日，深圳市召开市政府常务会议，原则通过了各部门的改革方案和《拟保留的审批、核准、备案事项目录》，并决定将该目录报请市人大常委会审议批准后正式发布实施。经过清理、自查和审核，深圳市原有审批和核准事项合计1108项，改革后保留631项，减少477项，减幅43%。其中审批事项由原来的737项减少到310项，减幅57.8%；核准事项由原来的371项减少到321项，减幅13.7%。1999年3月2日，《深圳市政府审批制度改革若干规定》正式发布实施。自此，成功的改革实践上升为法律层面的规定，审批制度改革成果以地方法规的形式固定下来。从中可以深刻感受到如何践行依法行政，不断提升政策文件规范性、民主性和公开性。

三是政策创新指数。创新性是衡量政策文件质量的关键要素之一。文无定法，创新亦无定法。填空白是创新，补短板也是创新。前者针对的是"从无到有"，后者针对的是"从有到优"。从头开始制定一项政策是创新，把分散的政策汇总"打包"、对现行政策完善细化使其充分释放出政策红利，也是一种创新。在政策制定过程中，我们要善于将自主创新与协同创新相结合，将原始创新与集成创新相交融，积极推进创造性转化与创新性发展，切实激活政策创新思维，不断拓展政策创新路径。

四是落地执行指数。"一分部署，九分落实。"可执行性是衡量政策质量关键因素之一。政策的可落地性、可执行性越高，政策就越容易受到不同群体的认同，政策文件才能够稳定而可持续地施行，才更有利于维护政策的权威和公信力。在政策执行中有时会出现"上有政策，下有对策"的情况，这种情况往往是因为政策本身缺乏甚至不具备落地条件和可行性。可喜的是，近年来，政策可行性论证环节已被逐渐纳入科学决策的视野。"未做可行性分析不做决策决定"已成为越来越多政策制定者的共识。

在落地执行方面，不同类型的政策性文件落地执行的衡量标准并不完全相同。比如，对于贯彻落实上位文件精神的配套类政策性文件而言，落地执行指数的高低，取决于是否立足实际，找准了贯彻落实的落脚点、切入点和着力点，是否因地制宜，将上级出台的政策要求落细落实。这就要求文件起草者既要严格落实上级政策要求，不在落实上打折扣，又不能擅自突破上级政策界限，还要守正创新，不能为了配套而配套，不搞上下一般粗、一刀切式的落实。对于各地自主研究制定的政策性文件而言，落地执行指数的高度，取决于政策是否聚焦本级本地本系统的政策短板、落实难点、执行堵点，是否具有针对性和适用性，既不能照搬照抄外地外单位的政策举措，也不能盲目为了创新而创新，硬性出台"水土不服"的政策。

五是预期实现指数。政策预期的实现率和目标完成率，是衡量政策质量的重要标尺。我们可以尝试用一个公式来体现政策的预期实现指数：政策预期实现率 = 设定目标 × 难度系数 × 意愿率 × 执行力系数。胡锦涛曾指出："我们经常面临的一个突出问题是：从中央到地方为推进事业发展提出的好思路、好政策、好措施不少,但很多事情提出来后往往只是热闹了一阵,并没有真正落实,也没有达到预期效果。追根寻源,重要原因还是由于没有做到求真务实。"① 政策制定颁布并不等同于政策完全实现,因为在政策推行实行过程中,不同程度地存在执行难度。难度一方面来自执行意愿,另一方面来自执行能力。一些政策文件在编制时轰轰烈烈,出台后却束之高阁;一些政策文件虽然看似进行了探索创新,但在实际操作中仍存在"路径依赖""新瓶装旧酒"等问题。

六是人民满意指数。"知屋漏者在宇下,知政失者在草野。"政策性文件应坚持以公共利益为根本价值取向,以人民为永恒的政治坐标。2015年6月,习近平总书记在贵州遵义考察时指出:"党中央的政策好不好,要看乡亲们是笑还是哭。如果乡亲们笑,这就是好政策,要坚持;如果有人哭,说明政策还要完善和调整。"② 习近平总书记的这段论述,警醒我们要始终将人民满意不满意、高兴不高兴、答应不答应,作为衡量政策质量的根本标准。要将满足人民群众利益、保护人民群众合法权益、不断满足人民群众不断增长的多样化需求,作为制定政策性文件的基本原则。在进行政策内容设计时,最大程度惠

---

① 《胡锦涛文选》第二卷,人民出版社2016年版,第158页。
② 《习近平在贵州调研时强调 看清形势适应趋势发挥优势 善于运用辩证思维谋划发展》,《人民日报》2015年6月19日。

及和保障公共利益,在考虑政策落实时,最大限度方便公众参与或执行。

从1994年我国全功能接入国际互联网起,经过近30年发展,互联网已经深度渗透每个普通人的生活,不仅成为推动产业升级的重要驱动力,也成为改善民生的重要推动力。2015年7月,国务院印发《关于积极推进"互联网+"行动的指导意见》,明确未来三年以及十年的"互联网+"发展目标,提出包括益民服务、便捷交通、普惠金融、协同制造等11项重点行动。值得关注的是,"互联网+"还关注电子政务、医疗、教育等与人民群众生活息息相关的领域。同时,"互联网+"益民服务行动中还提出要创新政府网络化管理和服务、大力发展线上线下新兴消费和基于互联网的医疗、健康、养老、教育、旅游、社会保障等新兴服务。惠民文件的出台引发舆论热烈反响,借助"互联网+"不仅能够带来优质生产要素的倍增效应,实现资源放大利用、共享复用,也能够有效提升资源配置效率,拓展管理与服务的智慧化应用,实现优质公共服务资源下沉,扩大社会服务辐射覆盖范围,有利于推动社会服务均等化、可及性,是增强人民群众获得感的有效举措。"互联网+"系列政策举措瞄准人民群众的现实需求,紧跟产业及科技发展最前沿,正是积极贯彻以人民为中心的发展理念的生动体现。

# 第九章　政策文本分析

> 政策文本分析是指运用多种方法和多维视角，发掘、掌握政策文本深层结构和内在精髓，是对政策性文件"解码"的有效途径。

政策文本作为政策逻辑的书面体现，其分析方法在社会科学研究中具有重要地位。常见的政策文本分析方法不仅包括对文本的语义学、语用学的分析，还包括对政策文本的外部属性，即政策颁布机构、政策发布等级、政策发布数量以及政策主题词等的分析。

政策文本分析的意义在于，对政策文本背后蕴含的价值判断和政策底蕴进行深入解释和评价，从而正确掌握政策文本制定者的意图和目标，通过研究文本显性话语来考察政策话语运作本质，从而揭示政策过程中的价值分配和利益斗争过程。对政策文本的分析最终要"走出文本看文本"。这一过程是从具体的政策文本内容中抽象概括出一般规律和政策内在逻辑脉络的过程，是将文本的微观分析与文本所处的宏大叙事的背景相结合的过程，是政策受众运用多种政策解读方法发掘文本深层结构、内在价值逻辑的过程。

## 一、政策文本分析要义

政策文本分析应把握以下要义：

一是正确把握政策文本的主旨主线。正确把握政策文本的主旨主线，是进行政策文本分析的基础。学会读懂"指导思想"非常重要。"指导思想"是推动落实政策的"总纲"，是政策文件的灵魂所在，该部分虽然字数不多，篇幅不大，但地位却极其重要。在诸如发展规划、指导意见、行动计划等类型的政策文件中，通常第一部分就会开宗明义阐述文件的"指导思想"。

"指导思想"一般具有以下特点：层次上"从顶到底"，内容上"虚实结合"，逻辑上"有始有终"。"指导思想"的写作层次，通常是从"战略方针""部署要求"，再到"重点任务""方法举措"，直至"目标愿景"，具有很强的层次感；在内容构成上"虚实结合",既有宏观性、概略性的总要求,也有指导性、实践性的方针举措;在行文逻辑上"有始有终","指导思想"通常针对某领域问题或发展需求,逻辑起点有针对性,逻辑终点有落地性,阶段目标清晰明确,有方向、有路径、有布局、有要求,形成完整逻辑闭环。

在政策性文件起草阶段,起草部门往往要对"指导思想"部分反复修改、斟酌,几易其稿,可见"指导思想"的重要性。但要注意的是,"指导思想"不是"文字游戏",而是对经过深入研究形成的认知价值的高度凝练,它是有"灵魂"甚至有"生命"的,因为政策文件所涵盖的发展目标、思路原则、重点任务等内容都是从"指导思想"中派生出来的。

二是精准掌握政策文件的核心要点。要精准把握政策文件的核心要点,就要重点关注政策文本中"着重说的地方""一再强调的地方"和"与以往表述不一样的地方",即关注关键词、高频词和新增词。

以文旅融合政策为例。2020年4月8日,文化和旅游部正式挂牌,开启了文化和旅游融合发展的大幕,文旅融合成为一段时间以来该领域的关键词和高频词。从2009年《文化部 国家旅游局关于促进文化与旅游结合发展的指导意见》到2018年《国务院办公厅关于促进全域旅游发展的指导意见》,近10年间文旅领域系列政策文件已搭建起中国文化旅游事业发展的"四梁八柱"。分析近年来文旅融合发展的政策分布可以看出，2009年至今，专门部署文化和旅游融合发展的中央文件主要有两个，一个是2009年《文化部国家旅游局关于促进文化与旅游结合发展的指导意见》，一个是2017年国家发展改革委《"十三五"时期文化旅游提升工程实施方案》。文旅融合的核心要义始终是"旅游是载体，文化是灵魂"，"旅游有热点，文化是关键"。这也是近年来文旅融合领域政策文件的核心要旨所在。对于文旅资源丰富的地方和企业来说，要吃透上级政策，抢抓文旅融合政策机遇，紧扣政策导向和投资走向，善于把上级政策转化为具体项目，获取政策支持和红利。

再比如，每年的中央一号文件都以"三农"为主题，但在这个不变的主题之下，每年会根据实际情况在具体内容上有所变化。以2022年中央一号文件为例，2022年2月22日《中共中央 国务院关于做好二〇二二年全面推进乡村振兴重点工作的意见》正式发布，中央一号文件连续第19年聚焦"三农"。这是我国"十四五"以来的第二份中央一号文件，也是我国脱贫攻坚取得全面胜利后的第一份中央一号文件。对比往年，以下内容被首次提及，"加快推进农村应急广播主动发布终端建设，指导做好人员紧急转移避险工作"；要求"整合文化惠民活动资源，支持农民自发组织开展村歌、'村晚'、广场舞、趣味运动会等体现农耕农趣农味的文化体育活动"。

此外，还有一些部分虽然不是首次提及，但此次提及的篇幅比重增大，也体现了政策关注度的倾向性。如在切实维护农村社会基本稳定方面，2022年的一号文件除了聚焦平安法治、扫黑除恶等方面，还要求"防范黑恶势力、家族宗族势力等对农村基层政权的侵蚀和影响"。这是自2010年中央一号文件之后，时隔12年，中央一号文件再次关注农村家族、宗族的势力影响。在农业重大灾害有效防范应对能力方面，2022年中央一号文件也给予空前关注。在文件第二部分"强化现代农业基础支撑"中，特别提到，"要加大农业防灾减灾救灾能力建设和投入力度"。近年来，中央一号文件对于农业灾害的防范给予了持续关注，历年文件内容均有提及。但在2022年的文件中，关于灾害防范的篇幅更长，也更为细致地对监测预警体系的建设、人员责任安排等方面作出要求，可见国家对防范农业重大灾害的关注和重视。2023年中央一号文件《中共中央 国务院关于做好二〇二三年全面推进乡村振兴重点工作的意见》颁布，可见对乡村振兴和发展十分重视。

三是辩证看待几组关键关系。进行政策文本研究，要注意的一点是，不要沉溺于文本内容本身，而应树立系统思维和整体意识。要重点关注以下几组关系：内容与形式的关系，务实与务虚的关系，观点与素材的关系。

一份好的政策文件，要求无论是内容还是形式，都必须是合法、合理、恰当的。内容和形式共同构成一份合格的政策文件，在制定政策文件时，我们要注意既不能只关注内容而忽略形式，也不能只关注形式而忽略内容。

出台政策文件的最终目的是解决问题，政策的本质是"务实"的。但具体到文本文字上，一些背景、意义类的内容，却是务虚的。这种"务虚"并非毫无用处，而是非常重要却容易被研究者忽略的。人们在研究政策文本时往往更为关注政策出台了什么新举措、有什么新提法，却忽略了政策出台的背后是一个系统工程，政策出台的设想、目标等都蕴含在政策本文那些"务虚"的文字中。兰小欢在《置身事内：中国政府与经济发展》一书中写道："可行的政策不仅受既有制度的约束，也受既有利益的约束。政策方案的设计，必须考虑到利益相关人和权力持有者的利益。既要提高经济效率，也要保证做决策的人或权力主体的利益不受巨大损害，否则政策就难以推行。"[①] 政策文本中一些看似务虚的内容背后，往往是复杂的利益分配。

对于实现观点和材料的统一方面，毛泽东在《工作方法六十条（草案）》第三十二条中指出："把材料和观点割断，讲材料的时候没有观点，讲观点的时候没有材料，材料和观点互不联系，这是很坏的方法。只提出一大堆材料，不提出自己的

---

① 兰小欢：《置身事内：中国政府与经济发展》，上海人民出版社2021年版，第761页。

观点，不说明赞成什么反对什么，这种方法更坏。"[1]胡乔木说过："写文件与写小说剧本不同，鲜明性的要求不同，关键是观点要突出。写文章无论是对上、对下、对内、对外，都是为了宣传一个观点，观点是个判断，是推理来的，推理是从材料来的。"[2]政策文件中体现的往往是观点而非素材，但这并不意味着素材对于政策不重要。相反，政策文件的初稿，往往就来自各地先进经验的做法素材、基层调研的素材、专家学者的研究素材等各类素材。这些素材经由文件起草者的梳理归纳和排列组合，并再次升华，最终形成了政策的雏形。因此在起草、研究政策性本文时，要切记杜绝割裂观点和材料的做法，应当努力实现观点与材料的有机统一。

## 二、正确分析、理解、把握政策文本

对于政策文件来说，结构就是文本的骨骼，语言风格则是文本的血肉。要正确分析、理解、把握政策文本，就要摸清政策文本的"骨血"，从而掌握政策的内在精髓。

一是全面掌握政策文本的基本结构。"文场笔苑，有术有门"，政策性文件的起草遵循一定的结构章法。政策文本一般包含标题、签发机构、发文字号、发文时间、实施时间等要素

---

[1] 《毛泽东文集》第七卷，人民出版社1999年版，第356—357页。
[2] 《胡乔木文集》第三卷，人民出版社2012年版，第31—32页。

以及文本的核心内容部分。政策文本的核心内容部分，一般包括背景意义、目标任务和政策举措三大块，即"为什么""做什么""怎么做"。比如，《关于……的决定》《关于……的意见》等发文层级较高、较为重要的政策文件，会在帽段部分阐述背景意义，而后提出指导思想和目标任务，明确实施步骤，提出组织保障举措等。

但并非所有的政策文本都遵循严格统一的格式，不同文种，行文结构有所区别。有些发文等级不高、涉及面比较单一的文件，不必提出背景意义或指导思想之类，只需要明确工作要求和实施举措即可，面面俱到反而会显得"小题大做"。这类较为简单的政策文件，也可将背景意义和指导思想糅合在一起，在开头帽段开宗明义讲要做什么，然后具体阐述要求和举措。

政策文本结构的重点在主体部分。主体部分的结构没有定式，一般来说根据政策文本的内容，需要讲几个问题就写几个问题，需要写几个层次就写几个层次，并不一定非要拘泥于所谓的模板定式。最常见的政策文本结构主要有两种，一种是平行结构，一种是纵向结构。

平行结构是指各层次内容属于同一性质、层级，是平行关系，并无主次之分，只需平铺层次即可。如2022年国家标准化管理委员会印发《关于开展国家标准化创新发展试点率先实现"四个转变"的指导意见》,全文除了帽段处简明扼要地提出了制定印发该文件的背景意义外,全文共有8个部分:"一、加强组织领导,建立完善推动标准化创新发展的体制机制。二、优化标准体系结构,实现标准供给由政府主导向政府与市场并重转变。三、推动全域标准化,实现标准运用由产业与贸易为主向经济社会全域转变。四、提升标准国际化水平,实现标准化工作由国内驱动向国内国际相互促进转变。五、增强标准化治理效能,实现标准化发展由数量规模型向质量效益型转变。六、夯实标准化发展基础,提升标准化工作水平。七、强化协同联动,形成标准化创新发展合力。八、加强试点管理,及时总结推广经验。"这8个部分从不同角度强调了如何在先进试点地区开展国家标准化创新发展试点,探索率先实现"四个转变"的做法,从而形成一批可复制、可推广的新机制、新路径、新举措。各部分之间并无主次轻重,是平行结构在政策文件中的一种体现。

纵向结构是指根据政策文本的主次轻重,按照一定的逻辑关系确定政策文本的结构和层次。这种结构最常见于"意见""决定"一类的政策。比如,2022年8月,中共中央办公厅、国务院办公厅印发《关于规范村级组织工作事务、机制牌子和证明事项的意见》,全文共有"一、总体要求;二、主要任务;三、组织实施"3个层次。其中第一部分"总体要求"

是管总的，第二部分"主要任务"是对第一部分总体要求的目标细化，第三部分"组织实施"是对实现要求和目标的保证措施，三个部分层层深入展开，是典型的纵向结构。

关于层级结构，美国学者德内拉·梅多斯在《系统之美》一书里讲了一个故事。从前有两个钟表匠，一个叫霍拉（Hora），一个叫坦帕斯（Tempus），他们都能制造精致的钟表。然而，多年以后，霍拉变得很富有，而坦帕斯却越来越穷。这主要是因为二者对工作的层次性把握有所不同。霍拉和坦帕斯制造的手表都由近百个零件组成。坦帕斯依次组装这些零件，但在组装过程中，如果他不得不放下手头的活计去干其他事，比如，去接个电话，半成品就会散成一堆零件。等他回来后，就只好从头开始组装。因此，他很难找出一整段不被打扰的时间来完成一只手表的组装工作。相反，霍拉制造手表时先把大约十个零件组装成一个稳定的部件，然后把十个部件组成一个更大的集合。最后只要把这些组件装在一起，一只手表就做好了。即使霍拉也和坦帕斯一样，不得不放下手头的活去接听顾客的电话，也只会影响到他手头很小一部分工作。所以他可以比坦帕斯更快、更有效率地制造手表。这就是懂得层次性的妙处。

起草政策性文件搭建结构层次的过程与机械制造也有异曲同工之处。胡乔木在《怎样写好文件》一文中对如何写好文件的结构层次有过深入分析:"一篇文章要鲜明就要作到纲举目张。整篇文章、旗帜拿出来了,有大的论点还有小的论点,大小论点要互相联系,排列要醒目,这很要紧。哪些是纲,哪些是目,目与目之间的排列层次要清楚,条理要清晰。比如,一个大问题下面有三个小题目,为什么这个小题目摆在第一,那个摆在第二、第三,道理要很清楚。并且,段落要分明,我们现在常有的毛病是一段话写得太长,观点太多,看起来不清楚,即便清楚看起来也容易疲劳。一篇文章分为好多小段,这是节省看文件人的脑力的好办法。看完一段知道这是个小结,是一个观点,下面又是一个观点,帮助人在精神上有所准备。一段最好说一个思想,如果一两个小问题统一起来还只是一个思想也可以。一篇文章是个大的思想观点,每一段是个小的思想观点,要尽量避免把两个互不统一的观点放在一个段落里。并且段落与段落之间前后要能贯穿,这就像基本建设设计一样,有个布局,这个车间与那个车间,厂长办公室,道路的布局要很清楚。全篇文章的思想观点、大纲小目的关系准确,段落分明,前后能贯穿,这些都是帮助观点突出的办法。"[1]

二是正确使用政策文本的语体文种。所谓语体,是指行文中所体现的语言风格和不同的语言运用体式。政策性文件作为

---

[1] 《胡乔木传》编写组:《胡乔木谈语言文字》(修订本),人民出版社2015年版,第197页。

一种书面公文，具有鲜明的行政公文特点，如客观性、程式性、抽象性，文风上整体呈现出准确、平实、简洁、得体的风格。

美国著名学者史蒂芬·平克曾将写作定义为"将网状的思想，通过树状的笔法，组织为线状展开的文字"。线状展开的直观效果就是四个字：文平字顺。起草政策文件宜用直笔，采取直陈方式。语言上讲究准确平实、简洁扼要，用词造句妥帖稳当，行文舒展流畅。杜绝冗言赘语，要求用最少的文字表达最丰富的内容，做到一文一事，主旨明确，重点突出，文短意明。内容上则要求客观真实，引用的数据准确可靠，做出的判断切合实际，提出的措施可行有效。风格上要求不修饰、少铺陈，不追求结构新颖、穿插呼应，而讲究直抒主旨、通俗易懂、公正平和、言尽意止。简言之，就是文实相符，文如其事。

政策文本在内容上不仅要得体，在文种的选用上也要得体。以产业政策为例，产业政策多体现在国家层面以及发展改革委、财政部、工业和信息化部等国家部委发布的规划、方案、指南、专项等宏观政策文件中。不同层级、不同内容的政策，应选用恰当的文体。如规划是具有长远性、全局性、战略性、方向性和概括性的计划，对未来整体性、长期性、基本性问题的思考；方案是根据各类规划、意见等顶层设计，依照相关技术规范及标准制定的有目的、有意义、有价值的行动方案；指南包括各类指南、指导意见等，目的是引领和引导产业健康发展；专项是为贯彻落实转型升级等国家重点政策导向，由中央或省市政府投资设立的、针对某些领域发展给予支持专项资金的项目。地方政策如果出台配套政策，则不宜使用上述文体，而多是采用"意见""实施方案"等文体。

三是精准把握政策文本的内在精髓。我们知道，每次重要决策性会议开完或者重要文件出台后，社会各界都会下功夫对政策文本加以细致分析，目的是"读懂文件"，从中掌握政策精髓、挖掘政策红利。通常情况下，下列三种利益群体和个体容易从公共政策中获得利益：最能代表社会生产力发展方向的群体，与政府的导向要求保持一致或基本一致的群体，以及可以从政策中普遍获益的社会多数或绝大多数者。这三类也是最主要的政策受众。

对于政策受众而言，研究政策文件，不仅仅是做案头功夫，更重要的是要善于从政策文件对比中真正成为懂政策、会用政策的"行家里手"，从政策链条中全面掌握政策要求，从政策文本比对中掌握政策走向，从政策内容研读中读懂政策精髓，从政策研究分析中挖掘政策红利。

从政策链条中全面掌握政策要求。毛泽东要求："拿战略方针去指导战役战术方针，把今天联结到明天，把小的联结到大的，把局部联结到全体，反对走一步看一步。"[1] 学习掌握政策也应当坚持系统思维和全局观念。金冲及在《向开国领袖学习工作方法》一书中曾对这种战略思维能力进行了分析："人们观察和认识事物，通常只能从一个个局部开始，但决不能停留在这里。只有把各个局部综合起来进行分析，形成整体的观念，并且弄清那些局部在全局中所处的位置以及彼此间的联系，才能正确地指导工作。有些事从局部来看是有利的，但从全局来看是不利的，那就得坚决顶住，不能去做。"[2] 这对我们开展政策分析很有启发。

好的政策根本上是为推动工作服务的，所以"政策链"往往与"工作链"深度融合。一些引导性、支持性、激励性、保障性政策往往贯穿于工作链之中，全面掌握这些政策有助于借政策"东风"，推进实际工作。以人才政策举例来说，完善的人才政策全面涵盖引进培养、评价发现、选拔使用、流动配置、激励保障等多个环节，从而形成一条环环相扣、有序衔接的完整政策链。对于被引进对象而言，要全面了解掌握该地的人才政策全貌，统筹考虑是否适合自身发展，才能作出更为准确科学的判断；作为引进方的政府而言，制定政策的重心不仅

---

[1] 《毛泽东文集》第一卷，人民出版社1993年版，第381页。
[2] 金冲及：《向开国领袖学习工作方法》，生活·读书·新知三联书店2016年版，第10页。

要落在"引才"上，更要高度重视"用才"环节，尤其是要在组建人才团队、给予创业支持、提供专业服务等方面强化政策配套，这样才能真正让引进来的人才用得好、留得住、发挥大作用。

从政策内容解读中把握政策红利。在政府文件发布后，发布机关一般会通过召开新闻发布会、记者吹风会、刊发官方解读等形式，开展政策解读。这些官方渠道是准确了解政策内容的主要渠道。全国人大新闻发言人傅莹曾有这样的体会："新闻传播是一个双向互动的博弈，关键是要在我们想传播什么和媒体能报道什么之间找到最佳平衡点，既要争取多释放有效信息，又要适当契合舆论关注焦点，确保信息接口是联通的。"[1]政府官方政策发布一般以权威、准确、客观为基本要求，政策的全面性和权威性很足，但对于受众而言也许并不"解渴"。除了政府权威政策发布以外，配套的政府或民间的政策解读形式还有专家解读配套文章、专家访谈、机构或个人的民间解读等。这些虽不是官方解读，但对于政策受众而言，此类解读或许比官方权威解读更为生动灵活，"有料""有趣"，便于解读出一些官方报道不便于直接发声的政策"潜台词"，这些解读往往会加入一些预测性、建议性的内容，是掌握政策风向、挖

---

[1] 傅莹：《我的对面是你：新闻发布会背后的故事》，中信出版社2018年版，第102页。

掘政策红利的有益辅助渠道。

以"专项债"政策为例。2019年,中共中央办公厅、国务院办公厅印发《关于做好地方政府专项债券发行及项目配套融资工作的通知》,支持指导各地做好地方政府专项债券项目融资工作。目前,我国地方政府债券包括一般债券和专项债券。按照《中华人民共和国预算法》的规定,地方政府融资的唯一合法形式就是发行债券,除此以外地方政府及其所属部门不得以任何方式举借债务。《国务院关于加强地方政府性债务管理的意见》(国发〔2014〕43号)明确指出,地方政府债券包括一般债券和专项债券。基础设施建设具有对冲经济下行压力和补短板的双重作用,地方专项债能为其起到"资金保障"作用。地方专项债意在"开大前门、严堵后门",在不新增地方政府隐性债务的前提下,通过稳投资进而稳增长。该通知发布后,根据有关专家解读,通知在创新提供政策空间的同时,旨在设定合规免责的政策边界,着力打消地方政府、金融机构合法合规行为的不必要顾虑。

在如何用好"专项债"政策红利方面,一些专家和媒体也给出了解读和建议,主要集中在以下几方面:

第一,精准聚焦国家重点领域和重大项目,在合理合规的范围内用好专项债券工具,提高资金使用效率;第二,规范地方政府举债融资机制,明确金融支持标准,丰富市场化融资方式，地方政府加大向金融机构推介力度，积极引导金融机构为符合标准的项目提供配套融资支持；第三，坚持市场化发行专项债券，科学选择专项债券的期限，合理提高长期专项债券比例，让专项债券期限和项目期限相匹配，避免频繁发行债券增加成本，减少因为中间资金断流而导致'半拉子'工程出现；第四，对普通的专项债券，由于其并未强调项目自身收益与融资的自求平衡，需采取有效措施保障专项债券所筹集资金不会被挪用；第五，强化责任意识，做好风险管理，守好不新增地方政府隐性债务的底线，坚决守住防控风险的底线。[①]

从政策文本比对中把握政策精髓。开展政策文本对比，是采用"庖丁解牛"的形式对政策进行微观解剖，通过文本的对比研究分析，把握政策的"变"与"不变"，从而掌握政策文件的内在规律和逻辑的过程。在这里，我们以新旧印花税法为例，进行新旧政策文件对比。

2021年6月10日，第十三届全国人民代表大会常务委员会第二十九次会议通过《中华人民共和国印花税法》，自2022年7月1日起施行。1988年8月6日国务院发布的《中华人民共和国印花税暂行条例》同时废止。印花税虽小，但适用范围很广，与百姓生活息息相关。通过对暂行条例和印花税法进行

---

[①] 娄飞鹏：《地方如何用好"专项债"政策红利》，《大众日报》2019年7月3日。

## 读懂政策

文本分析对比，立法前后印花税法规出现的变化主要如下：

一是缩减了征税范围。原条例中的"权利、许可证照"和"营业账簿"中的其他账簿，不再征税，也就是原先按 5 元定额征收的税目取消了。二是转正了证券交易。证券交易印花税，虽然从体量上看占据了印花税全年入库金额的半壁江山，但以往并不属于暂行条例中规定的税目，还存在不稳定因素，容易引起市场波动。立法之后，税率稳定不再随意变动，有利于维持市场信心。三是明确了计税依据。印花税的计税依据是否包含增值税款，是一个在实践中咨询频率很高的问题，本次新法对此进行了明确，即"合同所列的金额，不包括列明的增值税税款"。四是取消了尾数规定。原暂行条例中规定："应纳税额不足一角的，免纳印花税。应纳税额在一角以上的，其税额尾数不满五分的不计，满五分的按一角计算缴纳。"这条规定，在当时的历史条件下，对买票贴花来说是一个便民措施。但对于现在几乎都采用转账方式交款来说，不但不便民，而且不利于税务稽查。五是税目变化、税率降低。如原加工承揽合同更名为承揽合同，税率从万分之五降低为万分之三；原产权转移书据下面没有子目录，新法对此税目进行了细化，其中"商标权、著作权、专利权、专有技术使用权"转让书据，税率从万分之五降低为万分之三等。六是明确了纳税期限和申报期限。原印花税暂行条例，没有规定纳税期限和申报期限，在实务中给征纳双方带来了很多困惑和争议。新法对此进行了详细的规定，即"印花税按季、按年或者按次计征。实行按季、按年计征的，纳税人应当自季度、年度终了之日起十五日内申报缴纳税款；实行按次计征的，纳税人应当自纳税义务发生之日起十五日内申报缴纳税款。证券交易印花税按周解缴。证券交易印花税扣缴义务人应当自每周终了之日起五日内申报解缴税款以及银行结算的利息"。

第四部分

# 从政策接受端，把握政策效果

政策研究

政策受众

政策评估

政策调整与修订

# 第十章　政策研究

> "政策研究"这一工作岗位究竟承担什么职责？政策研究工作如何开展？在不同的机构中从事政策研究有何不同？

在本书前面的章节中，我们主要从政策制定者的角度，对政策的酝酿、产生、出台、实施全流程进行了分析。从广义来说，这些都是政策研究的范畴，包括政策问题的提出与分析、政策目标的确定、政策方案的设计与选定、政策试验与实施、政策调整等，每一个步骤都离不开政策研究，都有相应的方法论，都有相应的成果呈现形式。

## 一、政策研究范畴

从政策制定端来说，我们可以概括起来说，政策研究是对政策的本质、特点、作用以及政策产生、发展、制定和实施规律的分析，其目的是揭示政策制定和实施过程中固有的规律，提高政策的准确性和有效性，避免不应有的政策失误。其基本框架是围绕政策制定的规范程序展开研究，即确定目标、拟定政策方案、论证方案、作出政策决定、政策调整，因而基本研究范畴包括对政策制定方法的研究、政策实施系统的研究和政策实施监督系统的研究，通过这些研究，实现的基本功能是使政策达到三性：准确性、高效性、自我完善性。政策的准确性是指政策符合客观事物的发展规律和实际情况；高效性是指政策能在一定时间内实现预期的政策目标；自我完善性是指政策在运行过程中能不断自我修正，趋向完善。

承担这些工作的，主要是政策研究机构，包括成建制的政策研究室、政策研究中心，也有的单位把政策研究职能放在综合办公室、发展规划部、战略研究部、政策法规室、经济研究中心、信息中心等部门。不管职能放在哪儿，相关专职研究人员从事的都是综合性咨询研究和决策参谋工作，因为大多数政策涉及的学科知识是多方面的，既有技术方面的问题，又有管理方面的问题，质量要求高、保密要求严、影响范围广、持续时间长，而且需要对党政系统的内部运作过程比较熟悉和了解。其基本研究内容至少有这样几方面：政策依据，包括理论依据、法规依据、现实依据；政策目标，即政策在一定历史时期内要完成的任务；政策对象，即政策的作用对象和范围；政策措施，指政策的具体内容和实施办法；政策效应，包括对政策实施后可能产生的积极影响和消极影响的预测分析以及政策实施后的实际效果的评价。

比如，某市市委政策研究室的职责是：负责全市发展战略、总体规划、改革开放、社会发展、精神文明建设等方面的调查研究工作；负责对全市经济建设、经济宏观调控、产业结构、产业政策，包括工、农业和科技等方面的调查研究工作；负责对全市财政、金融、贸易等第三产业的调查研究工作；承担市委政治体制改革领导小组的日常工作；负责全市性调查研究的组织、协调工作，完成全市综合性课题的调研任务；参与市委重要文件、报告和市领导文章的写作；承办市委交办的其他工作任务。

在实践当中，除了政策制定端的政策研究工作之外，政策受众作为接受端，受政策影响大，开展政策研究的动机也很强，覆盖面也很广泛，政策研究工作以各种形式遍布在各种机构、各个行业当中。一般而言，很多政策研究者的工作，在特定组织内，包括在组织场域内的具体政策，比如，某单位的人事政策，然而这不在我们讨论的范围之内。从本书界定的公共政策角度来说，能够制定政策的主体主要是各级党政机关，数量相对少，而且大部分层级，兼具制定端和接受端的特点，如省、市、县等，国家部委、重要行业，既要解读和分析中央的政策，又要制定面向管辖范围内社会公众的政策。而除了党政机关外，社会上更多的组织和机构，如企业、金融机构、社会组织、媒体，甚至个人，在公共政策当中都处于接受的角色，都会受到政策或大或小的影响。

总体上来说，政策接受端开展政策研究工作，主要侧重于对政策的内涵、要求、趋势等进行解读和分析，评估其对自身的影响，从而更好地适应政策变化，调适自身的行为，提升在变动政策环境当中更好地生存和发展的能力。这样的研究与学术研究、理论研究最大的不同是，它是对策性的、功能性的、结果导向的，也是个性化的。它不做纯粹学术的思辨探讨，也不追求理论上的突破和自洽，而更多的是研究政策在实践中演化的逻辑及其影响，进而得出自身或相关利益方应该采取何种应对方式的结论。

这一类的政策研究工作广泛分布在各类所有制企业、创业公司、金融机构、咨询机构、新闻媒体、智库等组织，一般来说，这些组织的政策研究是组织性的职能，由内部特定的机构和人员来承担，成果归属于组织，是组织的决策参考。其中咨询机构、新闻媒体、智库等的政策研究往往还针对自己的订户和客户，根据其特定的需求来开展，成果作为智力产品加以售卖。除此之外，还有部分市场研究人士、独立学者等，也在做此类的政策研究，其动机和目的既有出于知识性探索和公共关怀的，也有将其作为一种知识产品进行商业化和媒体化运作的，特别是在新媒体发达的当下，激发了很多人士进入这一领域。从规模、影响力和层级上说，这些研究机构和研究者有全国性的，有地域性的，有行业性的，关注的领域和种类繁多，如医疗政策、教育政策、财政政策、金融政策、人口政策、房地产政策、投资政策、互联网政策、贸易政策等，围绕特定的领域或行业，面向特定的受众，除了少部分跨界研究之外，大部分专注在某一个或几个领域"深耕"。成果形式既有内部性的各种报告、内参、信息，也有无偿面向社会公众的书籍、文章、发布会、媒体宣传等，还有面向特定公众的营利性的报告、数据等。

比如，北京市某民营企业设置了政策研究岗位，主要做如下工作：（1）及时跟踪和研究国家和北京市有关促进中小企业发展的各类政策，负责中小企业相关政策研究和分析，撰写政策解读或研究报告；（2）参与制定政策研究计划和工作方案；（3）参与建立和维护与有关政府、研究机构、协会、专家等的关系；（4）组织实施政策咨询和培训工作；（5）协助外部合作单位开展政策研究工作；（6）完成领导交办的其他任务。

## 二、公共政策研究

政策研究工作受到越来越多的重视和关注。经济学家高善文在为《见解：洞察中国经济的变局与未来》一书所做的序言中，谈及对公共政策研究的理解和认识：

当代经济社会的运行日益复杂，公共政策的调整常常牵一发而动全身，其制定过程无疑需要将具有预见性的深入分析作为依托。在移动互联网广泛普及的当下，信息的传播异常便捷迅速，上情下达和下情上达都十分通畅，这很有利于进行公开深入的政策讨论。然而，对从计划生育政策调整到中美经贸摩擦应对等事实的观察来看，现实情况似乎不尽如人意，这无疑值得我们进行深入思考。

从过往的情况看，围绕公共政策的讨论大致有三种类型。

第一类主要诉诸感情共鸣，以感性的叙事为手段，以形象化的比喻来说理，常借助一定形式的阴谋论作为解释体系，通过广泛的传播和巨大的流量来获得影响力，也许还有商业上的利益。由于政府对舆情颇为关注，这类讨论一旦成为网络热点，就会对政策有所牵制。这种做法在思维方式上十分朴素，有相当广泛的潜在受众，但无疑缺乏深度、前瞻性和建设性。

第二类主要在事后解读政府的政策，判断政府的意图，分析政策的必要性和合理性。由于政府的公开文件通常微言大义，言近旨远，受众常不易理解，因此具有政府背景，甚至参与过政策讨论和文件起草的专家学者就充当了解释者的角色，这对于引导公众预期，推动政策执行无疑是很必要的，但似乎无助于改善事前的政策制定。

第三类以必要的专业理论为基础，以对事实和数据的详尽调查为依据，通过密实的逻辑演绎来揭示真相，并合理地推断在不同的政策情景下，真相会如何变化，从而为政府制定政策提供依据。

应该说这类分析和讨论是政府制定良好政策所迫切需要的，但也是当下高度缺乏的。因为这存在很高的专业门槛，也需要必要的制度保障。

在一些方面，经济社会系统的复杂性，使得弄清真相及其演化路径十分困难，从而需要适当的理论准备和必要的数据处理技巧。

这一专业上的门槛，使大多数人难以有效地深入参与到公共政策的讨论中。由于学术训练方面的原因，许多人在处理复杂数据的能力和技巧方面也存在明显短板，这进一步制约了其分析能力和理解能力的发展。

此外，研究公共政策需要必要的财力保障，从而使研究人员可以心无旁骛地专心思考；还需要必要的防火墙，使研究人员可以免受各种压力和利益的干扰，始终保持必要的独立性、客观性和专业性。

大学里的学者忙于论文发表和课堂教学，对公共政策的研究兴趣不足，也缺乏充分了解政策、面对各种困境的必要渠道；政府里的研究人员需要始终坚守政府的立场和利益，无法具有独立性；社会上的研究机构常面临财力上的制约，处于"等米下锅"的困境。

这些方面的原因综合在一起，基本揭示了高质量的公共政策研究缺乏的关键原因。

应该说上述文字基本描述了当前接受端政策研究的现状、瓶颈和改善之途。要更好地服务公共政策，形成高质量的公共政策研究成果，相关机构需要具备一定的财力和必要的独立性；研究者需要受过良好的学术训练，具有出色的数据分析能力，还要有开阔的视野和深厚的公共情怀。这也是整个社会需要重视和改进的，而不是靠炒作几个"天价经济学家"来为媒体增加噱头。

## 三、如何做好政策研究工作

政策研究虽然不是直接的实践活动，但直接指导着实践活动，相比于学术研究、业务研究而言，可以说是离实践最近、对实践指导力最强的研究活动。具体到某项研究上，需要总体的方向目标、基本的价值判断和科学的方法程序。政策研究的一般方法包括描述性的规范研究方法和量化的实证研究方法，具体方法则有调查研究、实验研究、实地研究、文献研究、定量分析等。

### （一）政策研究工作的方法和思路

政策研究工作具有什么特点？应该怎么做？有哪些主要的方法和思路？应该注意哪些方面的要领？

中国首席经济学家、论坛主席夏斌在中国首席经济学家论坛暨十周年活动上的演讲中谈道："下一步我们的政策研究工作怎么做？"他围绕党的二十大召开之后如何做好经济政策研究，提出了一些可供借鉴的观点和思路。

第一，要关注经济领域的事，同样要关注非经济领域的事。

经济政策研究者自然要关心经济领域的事。党的二十大报告的第四部分"经济建设"和第九部分的"民生福祉"，就未来国民经济运行中的生产、流通、分配、消费和投资、消费、出口等多个经济环节进行了直接的阐述。同时，在其他领域也就涉及国民经济稳定运行的大量基础问题进行了间接的阐述。例如，在科技创新中提出要"深化财政科技经费分配使用机制改革",在教育领域提出要"推进职普融通、产教融合、科教融汇",在文化领域提出要"实施重大文化产业项目带动战略","建好用好国家文化公园",在绿色领域提出要"坚持山水林田湖草沙一体化保护和系统治理,统筹产业结构调整","完善支持绿色发展的财税、金融、投资、价格政策和标准体系","推进工业、建筑、交通等领域清洁低碳转型"。包括在军事领域提出,要"打造强大战略威慑力量体系,增加新域新质作战力量比重,加快无人智能作战力量发展,统筹网络信息体系建设运用"等。这些工作都离不开经济活动。有的会涉及投资资金的增加或社会投资结构的变化,有的会涉及财政、金融资金的重新配置等。这些都是经济政策研究者必须予以关注的部分,并不是我们的分外之事。

第二,要关注纲领性文件中有些"提法"的重大改变。

比较党的十九大报告,在党的二十大报告中,对有些问题的提法没变,或者稍有变化,但变化不大。如在资本市场问题上,党的十九大报告指出,"提高直接融资比重,促进多层次资本市场健康发展"。党的二十大报告指出,"健全资本市场功能,提高直接融资比重"。但是,对有些问题的提法是明确做出了改变。如在金融监管问题上,党的十九大报告指出,"健全金融监管体系,守住不发生系统性金融风险的底线"。党的二十大报告指出,"依法将各类金融活动全部纳入监管,守住不发生系统性风险底线",相比过去,这是对金融监管工作提出了新的使命、新的任务。类似的变化,在报告其他地方也时有出现。这就告诉我们,从事经济政策研究必须关注政策制度变化的动态、方向,经济研究不能光依赖于过去的数据积累。由于经济运行错综复杂,要把握经济运行发展的趋势,就要理解社会多种因素对经济变量的影响及其程度。备受影响的经济变量很多,即"提法"的改变很多,如何从总体上把握住变量自身及合成的效应,我认为,需要对中国共产党提出的对未来中国式现代化这一概念有个立体的全方位的理解。什么是中国式现代化?有人口众多的特点,因此办事要有历史耐心,循序渐进。现代化本质要求是共同富裕。从人自身要求出发,要两个文明相协调;从人与自然发展要求出发,要和谐共生;从主权国家出发思考,是和平发展。政策研究中涉及一系列内外经济问题有疑惑时,只要按照中国式现代化这一纲领性概念的内涵去理解、去思考,研究工作就容易搭住大势脉络,作出正确的答案。

第三,要关注纲领性文件新提出的需要进一步研究的制度。

党的二十大报告是中国共产党的未来执政治国的规划,自然提出了大量的新的历史任务。这些新任务有的只是指出了方向,提出了要求,具体怎么做,需要进一步研究细则与政策措施。这恰恰是经济政策研究者当前面临的重大课题。

例如，在居民收入分配问题上，比较党的十九大报告，党的二十大报告明确提出三次分配协调配套的制度体系，提出"规范收入分配秩序，规范财富积累机制"，对此，具体要制定哪些政策制度，有哪些内容要求？又例如在就业问题上，党的二十大报告指出要"统筹城乡就业政策体系，破除妨碍劳动力、人才流动的体制和政策弊端，消除影响平等就业的不合理限制和就业歧视"，这里具体要统筹什么城乡政策、破除什么政策障碍等，都是有待进一步研究的重大问题。这一类问题不仅在报告中有关经济领域的段落中有，在其他非经济领域部分的段落中也有。这些大量的新任务，都会涉及国民经济运行中的资源配置问题，都是需要予以制度与政策的重新调整与保障，是我们经济政策研究者必须去关注、去观察的。

总之，党的二十大报告既对我国新时代中国式现代化的实现提出了大量的历史任务，也对我们经济政策研究者提出大量的研究课题。中国首席经济学家论坛已翻过了过去10年辉煌的一页。愿我们继续共同努力，为又一个十年的辉煌，砥砺前行，奉献智慧。

夏斌其实指出了政策研究工作的一些要点和规律，包括横向上要注重不同领域政策的系统性、协调性和联动性，纵向上要把握政策提法及其内涵的变化，要对政策背景有全方位的了解，从宏观上加以把握，要透过具体事务，注重政策制度的建立和完善。这些都是政策研究者需要注意的。

### （二）政策研究工作要点

笔者曾经写过一篇《政策研究工作中若干片段的思考》，谈了自己的一些体会，可供广大政策研究人员借鉴。如下：

1. 关于研究对象。政策研究包括对政策本身的研究，称之为"对政策的研究"，和对政策程序的研究，称之为"为政策的研究"，比如，我们如何参与某项政策的制定并表达意志、施加影响。对政策本身的研究包括对以前政策的研究（即政策回溯研究）、对当前政策的研究以及对将来政策的研究（即新政策研究）。

2. 关于研究范围。政策研究包括对公司内外相关政策的文本、执行过程以及实施效果等问题的考察、分析、评论和建设性批评，好的批评意见可以促进政策更好地制定、实施、调整和优化。

3. 关于政策研究的过程。政策研究包括四个阶段：一是确定政策议题或者说确定研究对象；二是政策制定，包括如何制定或修订政策文本，怎样解决政策议题，这是最重要的环节；三是政策执行，包括分析政策实施的条件、相关政策的配套和具体的政策实施；四是政策评估，研究政策效果、接受者反应以及对政策加以反馈修正，这通常是最薄弱的环节，采取什么标准、如何评估都还缺乏有效的方法。

4. 关于价值取向。政策在某种程度上就是利益的分配和调整，政策研究本质上是一种价值判断，必然带上研究者的立场、观点和喜恶，很难做到完全的"价值中立"。因此在研究时要有政策敏感性、全局意识和责任感，如果不看场合，不掌握分寸，只求一吐为快，不仅不会解决问题，反而会影响大局。

5. 关于选题。反复被提到的问题就是有价值的。它往往意味着两点：一是这个问题很重要，一直被人关注；二是这个问题仍然没有解决好。一定要敏锐地抓住这些问题，深入地研究下去，不能停留在理论探讨上，而要深入到具体操作层面，提出有价值、可操作的政策建议，真正对决策的有效制定和实施起作用。

6. 关于研究角度。要从宏观、中观、微观等不同层面把握问题、设定议题，从宏大叙事中找到合适的切合点，从细小事物中找到可以提炼放大的闪光点，从看似不相关的事物中找到可以举一反三的触动点。

7. 关于科学性。政策研究应该是一个科学的过程，从这点上说，既要从事"可行性研究"，也要进行"不可行性研究"，后者有时比前者更重要，可以让人保持更冷静、清醒的头脑。

8. 关于结合实际。政策研究要关注实际,了解实际,深入实际。要以现实问题为出发点,对现实问题尤其是热点、难点问题有长远的、全局性的思考,努力作出科学回答。搞政策研究要杜绝自说自话、自我欣赏、闭门造车的倾向。

9. 关于创新。困难的问题之所以长期得不到解决,往往是因为传统的办法解决不了,需要有创新的思路、创新的办法,关键一条就是要与时俱进,有独立的思考,提出独到的见解。

10. 关于研究与实践的关系。理论研究要深入实际,从实践中提炼思想和观点,但研究一般有自身的规范,强调概念和逻辑,注重理论的完整性和自洽,注重事实背后的一般性和规律性。实践则首先是解决眼下的问题,理论再好,面前的问题解决不了也是不行的。研究往往有理想色彩,没有理想的研究没有生命力,而现实决策更关心可操作性。当然,能不能在解决实际问题时走一步看两步想三步,则又取决于政策研究和制定者的理论水平和思想深度。

11. 关于政策评价。从某种意义上说,没有最好的政策,只有相对较好的政策。对于同一个问题,由于人们的观念不同、利益不同、认识水平不同,看法和意见也就不同。政策研究者要善于归纳和整合各方观点,协调折中各方利益,为政策决策者提供最佳政策方案。

12. 关于政策配套。政策不是孤立的，而是相互联系、相互影响、相互制约的。政策的变化往往会发生连锁反应，特别是处于重要关节点上的政策更是"牵一发而动全身"，所以研究和制定政策时，要看政策的实施环境，要注重政策的配套跟进。没有相应的环境，再好的政策也会"水土不服"；没有必要的配套措施，再好的政策初衷也会事与愿违。

13. 关于政策的"失真"。政策实施有时会产生"失真"，这并不一定总是坏事，特别是当政策不够好时，人们在执行时会加以调整，这种"失真"其实体现了基层的智慧和政策的内在要求。

### （三）政策研究实践案例

遵循上述思路和理念，笔者对诸多政策会议和政策文件进行过解读和分析。比如，下面这篇评论《端稳粮食饭碗和能源饭碗才能幸福满满》，就 2022 年 1 月 19 日国务院常务会议释放的政策信息进行了分析，从中可以看出政策研究的方法如何运用、观点如何呈现，对政策环境、政策要点和政策趋势的把握。文章在政府网站刊载，起到了良好的政策引导作用。

国务院总理李克强 1 月 19 日主持召开国务院常务会议，部署进一步加强下一阶段特别是春节期间煤电油气运保障和市场保供。次日，适逢大寒，北京等地降温飘雪，随着春节的气氛日渐浓重，此次会议部署的时效与温度也更加彰显。这可用"12345"这一组数据加以阐释。

"1"是作出一个重要判断。即，"目前煤电油气运保障总体平稳，粮油肉蛋奶果蔬等民生商品供应量足价稳"。每到冬季，人们总担心能源供给短缺，害怕拉闸限电、气荒油荒再度来袭；疫情仍在延续之下，人们也担心农业生产受到影响，波及农产品供应，出现供应紧张、价格上涨。此次会议开宗明义作出这一判断，既说明此前各项应对措施取得良好效果，纾缓了供应之忧，也给广大民众吃了"定心丸"，是对社会预期的管理。

而从另一角度说，在态势尚稳之时，仍要做相关的安排部署，也体现了从坏处着想、向好处努力。

"2"是聚焦两大领域。一是能源，二是民生商品。能源是国之大事，也和每个人的生活息息相关，作为经济运行的基础、工业的血液和社会运转的基本动力，能源须臾不可或缺。粮油肉蛋奶果蔬等民生商品则是每家每户的日常，是基本生活的保障，民以食为天，悠悠万事，唯此为大，其供应状况足以让政府念兹在兹。本次国务院常务会议聚焦这两个领域，也是把"粮食的饭碗"和"能源的饭碗"牢牢端在自己手上思路的体现。

读懂政策

"3"是压实三个责任。能源保供的地方政府属地责任和企业主体责任,以及"菜篮子"市长负责制。能源保供是政治任务,也是民生大事,容不得轻忽怠慢。但在保供当中,地方政府和企业所承担责任的侧重点不一样。地方政府守土有责,在能源保供上主要是做好政策安排、资源统筹、供需对接等,从而对辖区及其民众负责,属地责任体现的是"谁的孩子谁抱"。企业则是能源保供的生产主体和市场主体,明确企业的主体责任,将使其从被动变为主动,更好发挥能源供应的重要支柱作用。

"菜篮子"市长负责制则源于2017年初发布的《"菜篮子"市长负责制考核办法》,着眼于"菜篮子"产品生产能力、市场流通能力、质量安全监管能力、调控保障能力和市民满意度等方面,此番是对这一责任的再强调、再压实。

"4"是强化四项政策。

一是煤电油气运部际协调机制。这一机制已运行有年,由国家发改委牵头,统筹政府各部门和各大企业共同参加,规格很高,推动力度大,定期议事和部署工作,做到信息共享、资源优配、协调行动、共同施策,确保目标和步调一致,实践证明是行之有效的。

二是对受灾群众和困难群体帮扶或救助。我国有6亿人每月收入仅1000元,再看近日网上刷屏的"流调中最辛苦的中国人",就可知道这一政策的"雪中送炭"之意。

三是做好不确定因素的预案,应对恶劣天气、突发疫情等情况,既要做好疫情防控,又要做好精细化管理,保障交通、民生和物资供应。

四是加强市场供求监测,以及食品质量安全监管,查处囤积居奇、哄抬价格等违法行为,这些都是促进市场有序运转和维护市场秩序的必需之策。

"5"是疏通五类交通通道。包括优先保障发电供热用煤运输、用好跨省跨区输电通道、严格执行鲜活农产品运输绿色通道、保证骨干交通网络畅通以及确保"最后一公里""最后一米"物资配送畅通。

我国幅员辽阔,能源生产地与消费地在地理上存在分割,煤电油气常常是远距离运输,大量农产品等民生物资也是跨地域调运,要实现运输畅通、供应及时,需要全国统一大市场和高效便捷的交通体系与运输网络作为支撑,实现大范围的资源优化配置,在疫情仍在蔓延情况下,更应防止管控措施加严导致交通出现过多堵点、断点,影响物资调配供应。

从统筹市场保供和疫情防控出发,既有要求交通"主动脉"畅通的硬性要求,也有因地制宜的安排,即在"最后一公里"的"毛细血管"处,注重发挥社会力量和社区作用,可谓实事求是,针对施策。

## 读懂政策

从会议的部署上，可以看出宏观思维、系统思维和底线思维的运用，而梳理政策脉络，也可以透视出这一次的安排仍然着眼于"六保"任务，即保居民就业、保基本民生、保市场主体、保粮食能源安全、保产业链供应链稳定、保基层运转。守住"六保"，争取更好的"六稳"，这是一段时间以来区间调控思维的体现，也表明在面对不乏挑战的国内外经济形势时，政府仍然表现出了实现全盘稳定的信心，这种信心无疑离不开精准施策的有效方法支持。①

下面这篇文章《反垄断法中的"安全港"规则是什么》，从企业的角度，从繁多的政策条文中选取与自身最相关、最具有解释空间的内容，对"安全港"进行分析解读，并在党报上公开发表，参与政策讨论。

"安全港"这个词源自海运行业，本义是指在特定的时间内，对特定的船舶而言，可以安全到达、安全使用和安全驶离，而不会使船舶遭受损害风险的港口。设立安全港的目的，是给海运从业主体提供一种对于安全的明确预期。将这一概念引入法律领域，表达的是对法律规定的禁止性情形的某种例外，代表的是一种法定的豁免制度。在反垄断法中设置"安全

---

① 胡森林：《端稳粮食饭碗和能源饭碗才能幸福满满》，凤凰网 2022 年 1 月 21 日。

港"规则，是世界许多国家针对垄断协议的普遍做法。

在2022年8月1日起施行的新反垄断法中，第18条第3款正式将"安全港"规则引入我国反垄断法领域，成为我国反垄断法修订的一大亮点。根据该款规定，签订纵向垄断协议的经营者能够证明其在相关市场的市场份额低于国务院反垄断执法机构规定的标准，并符合国务院反垄断执法机构规定的其他条件的，不予禁止。

纵向垄断协议是指经营者与其上游供应商、下游客户订立的固定向第三人转售商品价格、限定向第三人转售商品最低价格等垄断协议。在我国，过去的反垄断法对于企业间的纵向垄断协议，采取原则上一律禁止的态度，即既禁止经营者与交易相对人固定向第三人转售商品的价格，也禁止经营者限定交易相对人向第三人转售商品的最低价格。然而在实务中，特别是对于一些采取经销代理模式的企业而言，此种方式具有一定的商业合理性，如果一味采取禁止的手段，反而不利于相关企业的合理竞争行为。对此，反垄断领域的一些行政规章和地方立法中的规定体现了"安全港"规则的精神，尽管这些文件法律位阶较低，约束范围有限，影响力也有限，但为此次在反垄断法中正式引入"安全港"规则积累了宝贵的经验。

为市场主体指明了合法与违法的边界。明确的法律规则可以为市场主体指明行动边界。"安全港"规则具有透明度高、操

## 读懂政策

作容易的优点,立法机构对于标准界定得越简单、越清晰,规则给当事人提供的确定性就越强。这种法律的确定性和对行为后果的预见性,一定程度上放宽了对纵向垄断协议的监管,对于合理的商业模式予以认可,为中小企业发展进行市场资源整合和培育提供了更大、更灵活的空间。与此同时,根据反垄断法规定,"安全港"规则将举证责任赋予经营者一方,因此,对相关企业而言,需要准确理解"安全港"规则,并对市场界定和市场份额等有明确把握,谨慎判断自身情况,合理选择商业模式。

有助于提高反垄断执法、司法的效率。"安全港"规则的确定,有利于我国反垄断法执法司法体系的完善。反垄断执法、司法资源是有限的,目前,我国只有国家与省级层面拥有反垄断执法职能,市级以下没有反垄断执法权。而我国幅员辽阔,市场体量庞大,反垄断执法任务十分繁重。而在司法领域,长期以来"法律适用难"是反垄断相关案件审理的阻碍之一。通过"安全港"规则,既明确了执法司法的依据,又将一部分处于"安全港"内的市场行为排除在审查范围之外,有利于反垄断机构集中力量处理那些对竞争损害较大的市场行为。

及时明确相关行业的执法审查标准。反垄断法授权国务院反垄断执法机构来规定"安全港"规则的市场份额上限。但是目前,除《国务院反垄断委员会关于知识产权领域的反垄断指南》和《国务院反垄断委员会关于汽车业的反垄断指南》规定了知识产权和汽车行业的"安全港"市场份额上限外,其他的相关市场份额尚需国务院反垄断执法机构予以明确,国家市场监管总局在2022年6月27日已公布《禁止垄断协议规定(征求意见稿)》,其中就有对"安全港"规则适用条件的细化。同时,"符合国务院反垄断执法机构规定的其他条件",也尚需国家反垄断执法机构制定相关配套细则或在实践中逐步明晰。①

---

① 胡森林:《怎样把握反垄断法中的"安全港"规则》,《学习时报》2022年9月14日。

# 第十一章 政策受众

> 政策受众是政策执行、影响、服务、辐射的群体的总称，不仅包括与政策直接相关的利益主体，也包括政策所涉及的群体或自身关注政策、可能被政策辐射覆盖的有关群体。

"受众"最初是一个传播学概念，指的是传播过程中信息的接受者，是读者、听众和观众的统称。现实生活中的政策受众，既包括普通社会公众，也包括智库等专业的政策研究机构以及企业、社会组织等各类群体。

## 一、政策与受众的关系

政策与政策受众之间的关系是相辅相成的。政策通过顶层设计的方式,深刻影响着政策受众的工作、生产和生活。从这个维度讲,政策是"授",受众是"受"。但是,就如同传播并非一个简单的由传播者到受众的单向过程,政策受众也不仅是政策的被动执行者和单向度的被影响者。政策受众对于政策制定和执行都具有非常重要的作用。政策受众通过不同程度地参与政策制定、发布、执行过程,深刻影响着政策走向和实施效能。政策受众对政策的满意度和执行力,已成为衡量政策水平的重要因素。尤其是在新媒体时代,强化政策受众意识、防范政策发布风险已成为政策制定发布过程中非常重要的一个环节。政策发布解读工作,成为政府部门在新媒体时代检验自身工作能力的重要标尺。强化政策受众意识,有助于进一步提升政策文件的准确传播、有效抵达,更好满足公众知情权和参与权。

毛泽东曾一针见血地指出:"共产党员如果真想做宣传,就要看对象,就要想一想自己的文章、演说、谈话、写字是给什么人看、给什么人听的,否则就等于下决心不要人看,不要人听。"[①] 这种"对象意识",在当今语境下就是受众意识。政策制定的本质,是要服务于人民,让公众从政策中得到实惠。所

---

① 《毛泽东选集》第三卷,人民出版社 1991 年版,第 836 页。

以，政策制定首先要问一问：这个政策是为谁制定的？只有明确了这个问题，政策制定才能真正有针对性。只有让政策受众更直观、更准确地了解政策文件，政策性的利好才能落实到田间地头、工厂车间、创业舞台中，好政策才能真正落地生根、普惠人民群众。

## 二、受众怎样准确把握政策文件

政策文件是政府在社会治理中实现政策目标的有效手段。制发政策性文件是各级行政机关依法履行职能的重要方式，不仅事关政府形象，更代表着政府部门的施政理念和治理路径。因此，无论是对于企业等有关利益主体，或是对于智库等专业政策研究机构，抑或是对于普通公众，只有准确全面把握政策，才能跟对政策风向，明晰政策标尺，用好政策红利。

首先，政策代表着"风向"，把握政策更容易站在"风口"上。红军过草地时，部队的炊事员起床后的第一句话不是问今天有没有米下锅，而是问今天向南走还是向北走。这说明哪怕是一名普通的红军战士，也懂得方向问题比吃什么的问题更重要。政策文件尤其是一些涉及国计民生的重大领域的重要政策性文件，不仅代表着政策的导向，也引导着市场的风向。有网友称"站在风口上，猪也能飞起来"，这句话点出了把握政策风口的重要性。

读懂政策

如何跟对跟紧政策"风向"呢？以2022年国家新能源补贴新政为例。2021年12月31日，财政部、工业和信息化部、科技部、发展改革委发布了《关于2022年新能源汽车推广应用财政补贴政策的通知》，明确了2022年新能源汽车补贴标准较2021年退坡30%（非公共领域），并宣告2022年12月31日之后补贴彻底退出。由于疫情造成的低基数影响，叠加中央和地方一系列的新能源汽车消费与使用推广补贴政策，2021年新能源汽车市场持续保持热销，市场占有率逐月上升。从2022年新能源汽车新政中可以看出，新政维持前两年的技术指标门槛不变，在补贴金额上稍有退坡。对于车企来说，新政代表的政策风向将对企业下一步发展带来较大影响。补贴退坡30%后，补贴金额占车价比例将进一步降低，让插电混动车型不到5000元的补贴与燃油车动辄上万元的终端优惠相比不再有任何竞争优势，新能源市场将进一步转向市场驱动。此外，补贴退坡，车企成本压力也将增加，利润空间面临挑战，在技术指标不变的情况下对性价比更优的磷酸铁锂需求将进一步提升。

从此次新能源汽车新政的政策风向来看，中央和地方均将新能源汽车的补贴方向转向新能源汽车使用优惠、农村地区新能源汽车促销、城市以旧换新、氢燃料电池汽车商业化运营等方面。因此，在"双碳"政策与"双积分"（指企业平均燃油消耗量积分和新能源汽车积分）政策的共同推动下，未来新能源汽车仍将保持高增长势态。对车企来说，深入研究、正确把握政策风向，有助于企业明确自身发展方向，挺进市场蓝海，实现自身的转型发展。

其次，政策明确了"标尺"，受众把准政策才能不逾红线。在研究政策性文件时，不仅要关注政策性文件规定了什么"可为"，也要高度重视规定了什么"不可为"。"不可为"有时以政策文件中"不得……""禁止……"等禁止性条款文字体现，有时则以负面清单等形式体现。

如何清晰掌握政策标尺呢？以外商投资准入政策为例。2021年12月27日，经党中央、国务院同意，国家发展改革委、商务部发布《外商投资准入特别管理措施（负面清单）（2021年版）》和《自由贸易试验区外商投资准入特别管理措施（负面清单）（2021年版）》，自2022年1月1日起施行。2021年版外资准入负面清单在说明部分增加了"从事《外商投资准入负面清单》禁止投资领域业务的境内企业到境外发行股份并上市交易的，应当经国家有关主管部门审核同意，境外投资者不得参与企业经营管理，其持股比例参照境外投资者境内证券投资管理有关规定执行"的新条款。"应当""不得"等限制性词语的背后，明确了有关企业赴境外上市需要满足外资不参与企业经营管理和股比符合规定两个条件，体现了统筹发展和安全的要求。

近年来，中国一直是全球投资热土。在全球新冠疫情肆虐、经济持续下行的情况下,中国率先控制住新冠疫情,经济持续复苏,加上政府推出稳外资举措,吸引外商持续投资中国。根据美国《华尔街日报》网站报道,2020年,全球跨境投资大幅下降至8590亿美元,降至15年以来低点。但中国吸引外资却逆势上扬,达到1630亿美元,首次超越美国成为世界第一大外资流入国。2021年,中国吸引外资总额比2020年再增20%,达到创纪录的1790亿美元。国际社会投资中国持续升温的背后,也有一些隐患和风险。设立负面清单和限制性条款,正是基于国家安全和市场安全的考虑设立的标尺和红线。

此外,政策蕴藏着"红利",读懂政策才能更好地享受利好。政策性文件直接关系公共利益、社会秩序和公民的切身利益。其中的政策利好,需要受众从政策文本中认真研读领会,不仅要读"有字之书",看懂政策文本书面的意思;更要读懂"弦外之音",看懂政策文本蕴含的深层的政策风向。

如何读懂政策文本中蕴藏的"红利"呢?以我国氢能政策为例。2022年,经国务院同意,国家发展改革委、国家能源局联合印发《氢能产业发展中长期规划(2021-2035年)》。该规划明确了氢能是未来国家能源体系的重要组成部分,氢能产业是战略性新兴产业和未来产业重点发展方向,是构建绿色低碳产业体系、打造产业转型升级的新增长点。氢能具有调节周期长、储能容量大的优势,能够带动我国可再生能源规模化发展,推动氢能、电能、热能系统融合一体化发展,为能源绿色低碳转型提供支撑。我国可再生能源装机量居全球第一,在"绿氢"供给上具有巨大潜力。该规划作为我国首个氢能产业中长期规划,不仅为未来氢能发展指明了发展方向,也给广大可再生能源企业带来了政策福音。

不过,面对"氢能热",我们也要注意保持"冷思考"。正如《氢能产业发展中长期规划(2021-2035年)》提出的,我国氢能产业仍处于发展初期,在核心技术、产业基础、管理规范等方面仍有完善空间。目前一些地方把氢能产业作为重要的新动能培育,纷纷开展全产业链布局,各地逐步出台制定氢能产业规划、实施方案及指导意见,提出燃料电池、燃料电池汽车、加氢站等发展目标,积极推动本地氢能产业发展。我国资源能源丰富多样,对能源的选择及经济调控的回旋空间较大,各地区不能不顾实际情况,盲目上马氢能产业,而应因地制宜选择适合自身的能源之路,从各自资源禀赋、产业基础、市场承载能力及地方财力等多方面系统谋划,理性布局,不能跟风盲从搞政绩工程。

## 三、受众怎样有效利用政策

政策文件出台的根本目的,是为了解决问题,让有关政策受众得益,推进某一领域的发展变革。很多人在研究政策文件时，会有这样一种困惑，那就是感觉文件里的每个字、每句话都能看懂，但连起来读却不得要领。诚然，政策文件的文风一向是严肃严谨、简洁明了的，甚至是"含蓄"的。那么，如何从严谨、简洁的政策文本中，探知政策条文背后的精髓和深意，从而挖掘、提炼有利于自身的政策红利呢？政策受众如何正确理解并有效利用政策呢？

对于政策受众来说，一要把政策用"足"，完整理解政策内容，充分挖掘政策的内存；二要把新政策用"活"，在政策中找到满足共性与个性需求的条款，真正为我所用；三要把政策用"实"，将政策条款转化为"利我"举措，合法合理享受政策红利。具体来说要做到以下几点：

第一，要善于把握政策的逻辑。在研究政策文件时，不要局限于某一份文件，而是要将同主题不同时间、同时间相关领域的政策文件联系起来进行通读，寻找其中的"不变"与"变"。

比如，每年的中央一号文件一定是关于"三农"问题的，这"不变"之中，蕴含的是党和国家对"三农"问题的高度重视，也体现了政策的连续性和稳定性。此外，要格外注意政策文件的"变"。这种"变"，有些是非常明确的，比如，改革性的、全新性的政策，这种也是比较好发现和把握的，只要按照最新的政策要求对标对表即可。但有些"变"则是渐变性的，并不明显，会含蓄地隐藏在字里行间。如同一主题的实施方案类的文件，上一年度用的是"破除"，下一年用的是"大力破除"；以往用的是"探索推进"，后面用的是"大力推进"，字词变化的背后往往是形势的变化以及官方态度、政府投入力度的变化。政策受众要善于将相关文件放在一起仔细研读其中的边际变化，从中揣摩出变化背后的政策风向。

比如，政策文件中写"探索建立"，那么此事有可能是正在研究的过程中，下一步会向这个方面发展，但目前还缺少经验、尚不成熟，暂时或许难以有大的实质性进展。如果政策受众与该方面有关，可以积极地跟踪跟进，尝试做"第一个吃螃蟹的人"。但同时，由于该领域政策文件规定尚不完善，存在一些风险及真空地带，政策受众也要做好承担风险的准备。如果下一步政策文件中明确提出了"推动建立""建立健全"等表述，则可以较为肯定的是，政策部门将在该部分持续发力，该领域也将正式成为政策支持的部分。相关政策受众应当具备这种政治敏锐性，及时跟进参与，以期挖到"第一桶金"。

第二，要善于挖掘政策的关键信息。从政策文本角度来说，要格外留心政策文件中的以下三方面：一是指导思想；二是政策举措；三是组织保障。大部分政策文件都会开宗明义提出文件的指导思想，这也是该政策文件的统领思想。很多人在读政策文件时，觉得第一部分帽段多是空洞的原则表述，往往直接跳过看后面的举措"干货",这是研究政策文件的一大误区。

正所谓"纲举才能目张",看文件先要看方向,而指导思想恰恰是指方向、定基调的。很多政策文件的"指导思想"部分字数不多,但对于起草人员而言往往是要求最高也是修改最多的部分,可谓字斟句酌。比如,文件中的"经济下行"和"经济面临较大下行压力",两者就是代表完全不同的判断。前者是对"下行"的一种客观描述,而后者"面临"则是一种对形势的判断,说明哪怕当时看经济形势尚可,但综合各种因素,我们判断未来经济走势将下滑,文件的"潜台词"也就显而易见了,那就是下一步有关部门可能要出台稳增长、刺激经济的相关政策了。政策举措是一份政策文件的主要部分,在研究政策文件时,要对政策举措部分逐条认真研究,找到对自身的利好政策条款。文件最后一部分往往是"组织保障""组织领导""组织实施"等,这部分往往会提出主责部门、监管渠道、资金来源等内容,从中可以探知该政策与哪些部门密切相关。政策受众应持续高度关注这些部门出台的配套举措和动向,以便更全面地掌握政策动向,享受政策红利。

第三,要善于站在政策的风口。对政策受众群体来说,要善于借力和借势,乘政策东风享受政策红利。对普通民众而言,政策并不是遥远的、冰冷的,而是切身相关的、有温度的。比如,对于家庭生活困难的学生而言,国家出台的助学贷款政策以及奖学金、助学金政策，帮助很多家境贫寒的学生通过教育改变命运。按照有关政策规定，新生入学前，国家助学贷款金额为每生每年不超过12000元；贷款期限按照学制加15年、最长不超过22年；贷款利率依照同期同档次贷款市场报价利率减30个基点执行，在校期间的利息由国家承担。全国所有高校都开通了新生入学"绿色通道"，家庭经济困难的学生即使没有筹齐学费，也可以通过绿色通道办理入学手续，入学后高校资助部门将根据学生具体情况开展困难认定，采取不同举措对学生给予资助。此外，新生入学后还可以申请平均补助标准为每生每年3300元的国家助学金、每生每年5000元的国家励志奖学金、每生每年8000元的国家奖学金以及学校内部设立的勤工助学岗位等。这些利好政策已帮助无数贫困学生解除后顾之忧，圆梦象牙塔。对于一些经济欠发达地区的师生、家长来说，全面掌握这些资助政策，将极大缓解困难家庭的经济压力，帮助更多家庭贫困的学生接受更好的教育。

对一些企业和机构而言，政策方向的变化更是关系自身发展命脉。如"双减"政策实施后，虽然一些教培机构纷纷倒闭或转型，但体育类培训机构却迎来了新的春天。体育课成为"主课"，体育技能成为青少年的必修技能，不仅是游泳、篮球、足球等传统项目备受青睐，冰球、橄榄球、飞盘等"小众"项目也日渐受到家长和学生的欢迎。据悉，2009年北京打冰球的孩子还不到50人，而2022年北京市冰球协会注册的青少年会员已有7000人左右。这些变化对体育健身行业的很多企业和机构来说，无疑是巨大的政策利好。比如，一些地方的健身机构推出家庭卡，从一人健身变成全家健身。而马术、滑冰、滑雪等运动培训及考级，为孩子以后申请出国留学或各类入学提供一些加分可能性，也催生出巨大的市场。

第四，要利用好政策，政策受众还要认真研究和把握政策的具体操作细则、办理流程，把政策条款弄懂，把具体操作流程吃透，抓住机遇乘势而上。以企业申请国家政策支持为例。很多企业都希望申请到国家专项，一方面，会给企业带来实际资金支持，缓解项目建设过程中的融资难题；另一方面，作为国家重点支持的项目，对于企业形象的提升和项目的实施推进也具有重大意义。那么，企业如何正确申请专项？每年各类专项都成为企业关注的焦点，成百上千的企业积极申报，而申报的过程可以说是千军万马过独木桥，多数企业都在省市两级的初选过程中被淘汰，即使申报到国家部委层面，大部分也不能成功。分析其申报失败的原因不外乎以下几个方面：一是项目选错专项支持方向；二是项目投资估算不合理；三是项目缺少必要的前置文件；四是没有充分理解专项的申报关键点，项目特点没有充分体现出来。

企业要想避免非项目自身原因导致的失败，必须做到以下几点。首先，正确选择申报时间和方向。要对国家支持专项计划、政策与配套资金的申请办法、时间、申报材料的编写、注意事项、申报方向及流程等有一个较全面的宏观了解。这些可以通过政府各部委的网站或专家、专业人士以及权威的咨询机构等去了解和把握。其次，准确把握申报有关要求。一是全面详细了解本企业拥有的核心技术、产品、市场等方面的优劣势和发展潜力，分析企业的财务发展状况，把企业的内在价值展示出来；二是必须满足申报材料要求的前置条件；三是注重专利证书、商标等企业无形资产的累积。最后，选择高水平的专业咨询机构，提早编制高质量的申报材料。高质量的申报材料是申报国家专项的敲门砖，如果企业自身申报经验不足，可聘请高水平的咨询机构帮助企业根据申报国家政策专项计划项目的要求，准确、严谨、高质量地编制申报材料，使企业的技术、实力等方面的优势通过申报资料充分展示出来，进而获得评审专家的青睐。之所以要提前准备，是因为国家各类申报项目文件发出后，留给企业可准备申报材料的时间都相对较短，这其中还包括地市和省审查评审的时间，真正准备材料的时间最长不超过一周，短的可能只有一两天。这就需要有申报意向的企业提前准备好材料，以便保证申报材料及时完整提交。

值得注意的是，政策受众不仅包括个人、企业、社会组织、各类机构，一定意义上也包括各级地方政府。在政治系统内,上下级之间是政策共同体。下级是上级政策的执行者,也是政策受众之一。《县乡中国:县域治理现代化》一书中曾对政策共同体有深入的分析:"在政策制定、推动和执行方面,上下级之间是闭环。""上级需要制定相对合理的政策,推动政策时需要下级领会精神、提高认识、予以重视,这些都需要与下级保持密切沟通。下级在执行政策中则需要获得上级的具体指导、理解和支持。""在各层级中,最有沟通意愿的是乡镇和县级,二者都是执行层级,是政策责任的末端,政策执行得不好,都要被打板子。而省、市、县之间,作为政策传递层级,层级之间的沟通需求相对县、乡之间要少。"[①]

## 四、政策与政策受众的相互影响

政策受众与政策之间并不是单向度的,而是互相影响、彼此制约的。政策受众不是被动的接受者,而是可以通过各种渠道反映自身诉求、提出意见建议,从而对政策的制定发布产生影响。

政策受众不仅包括各类政策利益相关方,也包括政策目标群体以及对政策持关注态度的普通公众。他们都可以通过一定渠道和方式对政策制定带来影响。"政策利益相关者通过各种渠道影响政策制定过程。""利益相关者不仅直接影响政策制定,

---

① 杨华:《县乡中国:县域治理现代化》,中国人民大学出版社2022年版,第543—546页。

还能通过构建话语对政策质量的判断产生影响。""社会行动者对政策的支持十分重要。目标群体的组织或制度化程度、接受领导的情形也影响着政策质量。如果没有充分争取持反对意见的利益群体的支持,政策质量可能会下降并最终失败。"[1]

在政策制定过程中,政策制定主体通过深入一线调研,召集召开座谈会,了解政策实施环境和基础,广泛征询意见,从而制定出相对合理的政策。在政策推动中,政策制定主体会通过动员会、调研、考察等方式让政策受众了解和理解相关政策,凝聚思想共识,同时借此掌握在政策执行中可能存在的问题和困难,以便做好相应的政策储备和政策配套。例如,交通运输部在发布网约车新规前先推出了征求意见稿,一个月时间内收到了6832条意见和建议,工作组到21个不同类型的城市进行专题调研,召开了50多次不同范围、不同层次的座谈会、论证会和咨询会,研究了美国、英国、日本、新加坡等国家及中国香港、台湾地区出租车的相关法规,并据此对征求意见稿作出重要调整。网约车改革兼顾平衡各方的利益和诉求,不仅体现出政府鼓励和包容创新的政策取向,更让包括广大网约车司机在内的相关群体的诉求和利益得到最大程度的体现和保障。

政策受众参与和影响政策制定的渠道也是多种多样的,有

---

[1] 陈水生:《什么是"好政策"?——公共政策质量研究综述》,《公共行政评论》2020年第3期。

政策制定方主动提供的一些官方渠道,包括但不限于各类座谈会、听证会、公开征求意见等;同时,政策受众也可以通过一些渠道自发地反映自身的诉求及意见建议,如普通公众可通过拨打市长热线、12345便民服务热线等,或通过在政府网站留言板留言等方式表达自身政策诉求;专家、代表、委员等权威人士或专业人士可通过专家建议、代表建议、委员提案等形式发表自身观点;一些诸如智库、科研机构等专业的政策研究机构可以通过起草呈送政策咨询建议、情况简报等形式对政策制定提供决策参考。知名经济学家管涛在《50人的二十年》一书中曾写道:"2016年底,我在解读中央经济工作会议精神时提出,增加汇率政策可信度是深化人民币汇改的关键。什么叫经济政策的可信度?……2017年,人民币汇率维稳能够取得超预期的成功,归根结底,就是因为体现了这个原则。""2018年初的50人论坛年会上,一位投资界的朋友说要谢谢我,因为之前找我聊,听了我关于'可信度是汇率维稳成功的关键'的阐述,当时没有恐慌性购汇。最近参加其他活动,很多人也提及,一年前,当大家都很恐慌时,唯有我表现淡定,事实证明是我把政策与市场的逻辑整明白了。"①

---

① 樊纲等:《50人的二十年》,中信出版社2018年版,第175—176页。

# 第十二章　政策评估

> 政策一旦出台，实施以后必然会产生一定的影响和效应，是否达到预期目标，取得哪些实际效果，是否存在偏差，等等，这就涉及政策评估的问题。

政策评估是国家治理体系建设的重要内容，是推进国家治理能力现代化的重要举措，是深化行政体制改革、推进服务型政府建设的重要抓手，也是健全决策机制、提高政策质量、优化政策效果的必然要求，对新时代提高党的执政能力和领导水平、推进国家治理体系和治理能力现代化具有重要意义。

政策评估是健全重大行政决策程序，提高决策科学化、民主化、法治化水平的重要制度安排。但从整体来看，政策评估在我国仍处于起步阶段。由于没有专门的法律和完善的评估制度，导致政策评估工作的客观性、独立性不强，政策评估职责和目的不明确，组织建设和机制建设难以落实，评估经费无法得到有效保障，严重制约了政策评估工作的规范发展，影响了政策质量的提高。政策评估也是目前政策研究领域关注和研究相对较为薄弱的领域。本章着重对政策评估做一些分析。

## 一、政策评估的内涵

政策评估，就是特定的评估主体根据一定的标准和程序，通过考察政策过程的各个阶段、各个环节，对政策的效果、效能及价值所进行的检测、评价和判断。广义的政策评估，包括事前的可行性论证和风险分析、改革试点复制、推广前的总结，事中的政策实施的监测和修正纠偏，事后的政策实施效果和影响评估。一般意义上的政策评估，重点是事后的政策实施效果和影响评估，目的是改进政策，提高政策的科学性和实践性，促进政策目标的顺利实现。现行的政策评估也大多集中于对政策执行结果的评价，任务是对比实际效果以及预期效果之间的差距，并将其作为后续政策推行、修改或者终止的参考依据。

从逻辑上讲，政策出台和实施只是手段，取得预期的政策目标和效果才是目的。如何评价和检验这一效果，离不开科学、客观的政策评估。政策评估要通过分析政策因素作为变量加入环境后，所带来的变化、产生的价值、取得的成效，以及政策受众的感受等来加以评判，而不是政策制定者自说自话，或者凭着简单的印象想当然。比如，减税政策实施的效果如何，最有发言权的应该是企业等市场主体，以及中低收入人群，而不是只靠税务部门来评价；教育政策的调整效果如何，也要广泛听取学生、家长、学校、教师等群体的意见，根据他们的切身感受来评价效应如何，而不是以教育主管部门的意见为准。从这个意义上说，政策评估作为衡量政策出台效果的有效衡量工具，对于公共政策起着非常重要的帮助作用，有利于检验政策的效果、效率和效益，有利于提高决策的科学化、民主化水平，有利于实现政策资源的有效配置。

从政策影响来说，每一项政策在设计时都指向特定的政策问题和目标群体。因此，这些问题和群体是评估时首要想到的对象。也就是说，先要明确哪些是政策的目标群体，什么是政策的预期目标。比如，人口生育政策的调整，最直接的目标群体就是育龄阶段的人群，政策调整的目的是增强他们生育的动力和意愿，那么要评价政策是否取得了预期效果，就要通过政策出台前后对比，分析人口出生率、多孩率、出生间隔时间等量化数据结果，进而分析其中的结构性因素，并反馈到政策端，为政策评估和优化奠定基础。

同时还要考虑到，政策往往会有外溢性，产生外部性影响，即政策的影响可能会超出预定的政策问题和目标群体。除了分析政策可能产生的预期的结果，也要分析可能产生的非预期的结果。比如，房地产政策调控的预期影响是坚持"房住不炒"的定位，规范房地产投资和购销，稳定房地产市场，它除了直接影响房地产商的投资和居民的购买行为之外，还会给金融市场、土地市场、建材等相关产业带来影响，还会因为学区房买卖传导到教育领域、因为家庭购房政策影响到离婚率的变化（出现"假离婚"等现象），甚至还会因为首付比例、利率高低和购房成本的变化等，影响到新进入城市的人群以及大学毕业生的买房意愿、婚恋心理以及融入程度等。在这些影响当中，有些是预期之中的，有些是预期之外的。

政策影响还包括成本的影响。其中既包括直接成本（能用货币直接计量的，主要是公共开支），还包括间接成本（常常是无形的，如政策所造成的负面影响，或非货币的但可以以货币衡量的机会成本）。对成本的衡量不是单一的，而应该结合政策收益来综合评判。

政策评估其实包含了两个层面。一是事实层面，评估的目的是厘清一些事实，不涉及价值判断。比如，政策结果是什么？政策目标是否达到？该政策是否是该结果的原因？政策的成本有哪些？是否有效率？等等。二是价值层面，以特定的价值标准来判断政策的影响。比如，是否具有公平性等。但价值判断是主观的，不同利益主体对这些价值标准的定义可能会存在差异，也会得出不一样的结论。政策制定者需要综合分析各方意见，从政策目标和价值原则出发，得出既符合事实又契合执政理念的结论。比如，关于异地高考政策，在事实层面，只需要通过统计分析和选取样本，考察异地流动高考的实际情况、所占比例、变动趋势等，回答"是什么""怎么样"的问题；而在价值层面，还需要进一步考察这些情况发生的根源、背后的支配心理和产生的社会影响，以及不同地域、不同群体的利益取向，并从历史和现实的角度出发，结合对区域发展差异和资源分配不平衡状况的分析，着眼促进教育公平和教育资源均等化，回答"为什么""怎么办"的问题，研究分析政策制度上需要注意的地方。

## 二、公共政策评估分类

公共政策评估可以按照不同的标准进行分类。从评估活动的方式来分，有正式评估和非正式评估。正式评估是指事先制订完整的评估方案，由专门的机构与人员按照严格的程序与规范所进行的评估。非正式评估是指那些对评估者、评估程序、评估方法、评估资料等都未做严格要求而进行的局部的、分散的政策评估。按照评估实施的阶段来分，有方案评估、执行评估和终结评估。方案评估又称为预评估，主要是为政策执行提供指导。执行评估主要用于对政策运行加以控制。政策终结的评估主要是为后续政策的制定加以指导。三者贯穿政策生命周期的全过程。

按照不同的评估者来分，有对象评估、社会评估、自我评估。对象评估是指由政策目标的受众进行的评估。社会评估是指在政策系统之外进行的评估，包括政府公共部门委托的专业评估和社会成员自行组织的评估。自我评估是指由政策系统内的制定者和执行者组织的评估。从整体来说，政策评估要做到科学有效，政策评估主体应当多元，所以在进行评估体系建设以及方法选择上，需要有效完善评估主体，通过规范化、制度化的评估过程进行相关评估活动。评估主体在选择上需要考虑到利益相关性、多元性、代表性以及独立性，这样才可以有效保证评估结果客观而公正。

比如，房地产相关政策是广受关注的政策领域。刘畅对我国房地产调控政策进行了回顾和展望，他认为，我国自1998年建立商品房制度以来，房地产调控政策经历了六轮政策周期。调控的主要目标是"稳定房价"和"稳定经济"。回顾前五轮房地产政策周期，主要有以下四个特点：一是注重调节需求端，而供给端机制有待完善；二是注重行政手段的运用，市场机制尚不健全；三是房地产货币金融化趋势明显，或在一定程度上偏离居民基本面；四是土地财政在一定程度上推高了房价。

2016年下半年至2019年下半年，我国房地产调控进入新一轮紧缩周期。与以往的房地产调控不同，新一轮房地产调控呈现出短期调控与长效机制相结合的特点。主要原因是需要综合考虑经济高质量发展要求、防范化解重大风险、人口老龄化、城镇化进一步发展等因素。2019年以来，房地产调控政策出现新特点，供给端的房地产信托、房地产债券融资端全面收紧，房地产融资乱象得到控制。需求端以"稳房价、稳地价、稳预期"为总体要求，完善落实房地产长效机制，保持房住不炒基调和力度。

但值得注意的是，房地产长效机制的建立是长期而复杂的，需要住房、土地、金融、财税等多种机制的协调配合。具体而言，需要考虑以下三个方面：一是建立健全住房法制体系，明确房屋的居住属性，建立保障购房者和租户利益的机制；二是实施相对稳定的住房信贷政策，稳定购房者的预期；三是逐步完善房地产税征收机制。

上述政策回顾与评估，从方式上说，是非正式评估。从主体上说，是社会评估。从评估阶段来说，对于前五轮政策调控是政策终结评估，对于正在进行的政策调控则是政策执行评估。

### 三、政策评估标准

当开展公共政策评估时,用什么来衡量评估的优劣?这就涉及政策评估的标准。一般来说,需依照以下几方面的标准。一是效果标准,即某项政策达成预期效果或影响的程度,是未达到预期目标,还是符合预期目标,还是超出预期目标。二是效率标准。效率是指政策产出与所使用成本间的关系。效率可分成两大类:技术性效率和经济性效率。技术性效率是指在成本受限制的条件下,实现政策影响最大化的路径和方法及其所带来的效率。经济性效率是指政策整体成本与整体收益间的关系,成本收益比越高,政策的经济效率也越高。三是公正标准,指政策执行后与该政策有关的社会资源、利益及成本在相关群体间公正分配的程度。四是政策回应度标准,是指政策实施后满足目标社会团体的需求、偏好或价值的程度。五是生产力标准。生产力标准是一种衡量每项公共政策是否符合社会基本发展方向的根本标准。

在公共政策评估标准选择上,应当综合事实标准、价值标准以及技术标准进行衡量。事实标准包含了关于政策效率、效益、影响以及回应性方面,而价值标准则包含了关于社会生产力发展、社会公正以及可持续发展等问题。技术标准重点在于多样化、系统化以及数量化方面。这些标准对于一般政策具有一定指导作用，但还是要根据具体的政策类型、层次以及领域等来选择合适的政策评估标准。同时，政策评估也会遇到政策目标的不确定性、政策影响的广泛性、政策资源的混合性、评价信息的短缺性等障碍和局限，需要充分考虑可能的瓶颈和障碍，得出客观公允的评估结论。

以前些年广受关注的产业政策争辩为例。以林毅夫和张维迎两位负有盛名的经济学家为代表，围绕产业政策的定义、产业政策的成效、政府是否该鼓励"第一个吃螃蟹的人"以及比较优势该如何发挥等问题分别亮出了自己的观点，展开了激烈辩论。《中国经济周刊》记者银昕、徐豪、陈惟杉在《一场产业政策的"世纪之辩"》中对这一场争论进行了评述。

首先，双方在何为产业政策上存在分歧。林毅夫认为，产业政策是指中央或地方政府为促进某种产业在该国或该地区发展而有意识地采取的政策措施，包括关税和贸易保护政策、税收优惠、工业园和出口加工区、研发工作中的科研补贴、垄断和特许、政府采购及强制规定等。他强调，虽然一些具体的产品创新是由企业家完成的，但产品创新背后基础层面的研发成果是不会有企业家愿意花巨大成本投入的，必须要靠政府资助的各项科研项目来完成，而这一部分研发投入理应算作产业政策。

而在张维迎看来，产业政策是指政府出于经济发展或其他目的，对私人产品生产领域进行的选择性干预和歧视性对待，其手段包括市场准入限制、投资规模控制、信贷资金配给、税收优惠和财政补贴进出口关税和非关税壁垒、土地价格优惠等。他认为政府在公共产品上的投资不属于产业政策，普遍性的政策也不属于产业政策。

其次，产业政策是否该存在。林毅夫认为，大多数成功的经济体均在快速发展过程中使用了产业政策。他举例说，16世纪的英国，19世纪中叶的美、德、法以及二战之后的日本和"亚洲四小龙"都在快速发展过程中使用了产业政策。张维迎则认为，产业政策是披着马甲的计划经济，二者都体现了政府对经济生活、资源配置的干预。他说，产业政策自20世纪80年代以来，在中国失败的例子比比皆是，成功的例子凤毛麟角，中国经济持续存在的结构失调、产能过剩，均是产业政策主导的结果。

最后，产业政策会出现无效的原因。林毅夫认为，除了政府的执行能力存在问题之外，大部分发展中国家失败的最主要原因在于急于赶超，过度支持先进的产业。发达国家的失败则是由于为了就业而去支持失掉比较优势的产业，比如，美国与欧洲的农业政策。张维迎认为，产业政策之所以失败，一是人类的认知能力有限，产业决策将每个人犯错的概率累积到一起，加大了集体出错的概率；二是产业政策对不同产业、不同企业在市场准入、税收和补贴、融资和信贷、土地优惠、进出口许可等方面的区别对待，创造出权力租金，必然导致企业家与政府官员的寻租行为。

可见，此番关于产业政策的争论，双方站在不同的立场、秉持不同的原则和标准，从政府与市场、效率与公平、整体与局部、理论与经验、历史与未来等不同的角度考察政府干预产业发展这一行为，并得出不同的结论，这不仅是双方为自己坚持的立场辩解正名，更是一场关乎市场与政府命题的大讨论，是中国改革道路的选择问题。从更深层次看，其背后是关于政府与市场关系的问题。一部分经济学家认为，中国取得的经济增长源于市场经济对计划经济的替代，政府应该进一步退出市场、废除管制，要做的就是创造自由、法治的环境及对产权制度的保证。另一部分经济学家则认为，中国的成功在于抓住了符合比较优势的发展机遇，因此讨论的重点不应该是政府要不要干预，而是哪一种干预能够真正促进经济发展，哪一种干预会失败。

如今中国经济进入"三期叠加"的新阶段，正处于爬坡转型的关键时期，原有增长模式遭遇挑战，传统动能作用减弱，新动能还不够强大。对产业政策的反思和探讨，与其说是两方各持己见，不如说是对今后经济发展之路的不同思考，在需要汇集各方智慧、向改革要红利来发展的中国，这种辩论尤为可贵。

国家发展改革委新闻发言人也曾经就产业政策表明过态度，认为不同发展阶段的各国都在运用产业政策，并指出我国的产业政策对我国的发展发挥了至关重要的作用，但同时坦言，我们现有的产业政策确实存在与新常态不相适应的地方。由此可见，这场辩论已经超乎学术层面，折射出人们对于什么样的产业政策真正有效、产业政策的边界究竟何在等问题的关注。

回顾 2009 年，国务院曾陆续出台 10 个重点产业调整和振兴规划，这些产业包括汽车、钢铁、纺织、装备制造、船舶、电子信息、石化、轻工业、有色金属和物流业。该规划意在通过控制总量、淘汰落后、兼并重组、技术改造、自主创新等推动产业结构调整升级。但是，国务院的规划似乎并未改变各行业产能扩张的趋势。2013 年，"化解产能过剩矛盾"的表述开始出现在政府高层的讲话与文件中。当年 10 月，国务院发布《关于化解产能严重过剩矛盾的指导意见》，明确指出，我国钢铁、水泥、电解铝、平板玻璃、船舶产能利用率分别仅为 72%、73.7%、71.9%、73.1% 和 75%，明显低于国际通常水平。

这场争论曾经引起许多经济学者的关注和参与。江小涓在《经济转轨时期的产业政策》一书中，在从理论和经验两方面对产业政策进行考察后，引入公共选择理论，认为作为产业政策制定者和执行者的政府也会面临包括能力、意愿、利益的约束和冲突，因此可能导致并不合意的政策结果。书中提供了值得关注的三个视角。

第一，产业政策兼具经济属性和政治属性。产业政策具有很大的弹性，能否同时为政府派和市场派所接受，关键在于尺度问题。我们在评估产业政策效果时也需要判别到底是市场失效还是政府失效。产业政策的制定不仅涉及政府和市场的效率之争，也涉及政府内部的判断和执行的不确定性，这些都是在讨论产业政策时不可忽略的问题。

第二，产业政策还面临效率和公平之争。我们在讨论产业政策时关注更多的是它配置资源的功能，而较少关注它再分配的功能。产业政策意味着，社会中一些公共资源可能会被用于只能使部分人受益的项目，这是一种变相转移支付和再分配机制的行为。资源配置的标准是效率，再分配的标准是公平，产业政策需要在两者之间寻得平衡点，才能支撑其继续走下去。

第三，产业政策的评估最终还是看成本和收益。产业政策的实际效果到底如何？评估政策效果的关键是看成本和收益，产业政策可能有一定的正向作用，但需要思考背后的成本和代价：交由市场机制去作用是不是更有效率的办法？这需要有大量的案例和数据支撑才能得出结论，而不能仅仅依赖直觉。

## 四、政策评估方法

在确定评估标准之后，就需要确定合理的评估方法。在理论研究当中，主要分为多元评估方法以及单一评估方法两种；而在实践当中，具体方式一般分为定性分析和定量分析。常见定性分析有问卷调查、文献研究、访问、案例研究等；定量分析有经济计量学方法、统计计量、模型测算等，在现有的技术条件下还可以运用大数据的方法。

比如，科技部 2022 年底开展的《减轻青年科研人员负担有关落实情况调查问卷》阶段性结果显示，减轻青年科研人员负担专项行动实施半年来，近六成受访科研人员感受到该行动在减轻青年科研人员非必要负担方面带来的效果。截至 2023 年 1 月 28 日，该调查已收到有效问卷 8567 份。结果显示，近 5 年来，53.3% 的受访科研人员认为青年科研人员承担重大科技项目的机会更多了；54.8% 的受访者认为新入职科研岗位的青年科研启动经费覆盖面更广了；61% 的受访者认为青年科研人员交流机会增加。这就是一项以定量数据分析为主要支撑的政策评估。

公共政策研究的一个重要趋势是，循证决策被越来越多的研究者和实践者作为政策评估的核心标准。政策评估是对政策干预"因果"效应的估计，但传统的政策评估方法在因果推断方面存在明显不足，无法保证研究对象的随机分配，研究样本不可避免存在"选择偏差"，难以建立政策和某个结果之间的确定关系。近年来一系列基于反事实框架的推断模型展现出潜力。在这一框架下，虽然随机对照实验的方法优势无可比拟，但是成本大、实施难度大，因此目前常用的因果推论的统计和计量方法还是"准实验"或者"自然实验"，包括双重差分法、回归间断设计法、工具变量法、倾向值匹配法、合成控制法。在实际处理过程中，经常会遇到观察值缺失、可观测和不可观测偏差、内生性和数据可得性等问题。研究者要得出相对可靠的处理效应结果，就需要很好地应对这些方法的局限和问题。

做政策评估之前首先要知晓政策的类型，可以根据不同的数据结构和政策类型选用合适的评估方法。江河在《政策评估"三板斧"》一文中对此进行了分析。他认为，通常可以将政策分为几种，不同的政策类型刚好对应了不同的评估方法。

第一类是"试点"较多的政策，采用双重差分法。基本思想就是通过对比政策实施前后处理组和控制组之间的差异来反映政策的实施效果。例如，2010年4月17日，"新国十条"出台后，北京、上海、深圳和武汉等城市根据其房地产市场状况陆续开始实行房地产限购政策，但全国大部分三四线城市均没有实行房地产限购政策，这样就自然划分出了我们想要的处理组和控制组。不同的研究者分别评估了限购政策对抑制房价上涨的效果和对城市技术创新的影响,并分析"为买房而离婚"的现象,从婚姻市场角度解释了限购政策为什么会失效。

在某些情况下,我们无法找到"绝对的"处理组和控制组,那是不是就无法使用双重差分法了呢?并非如此,只要地区(个体)受影响的程度不同,我们就可以考虑使用这一方法,只是需要将地区(个体)维度的政策分组虚拟变量替换为一个连续型变量,用以反映程度的变化,然后进行差分。这种类型的事件(政策)相当多,如传染病、大饥荒和知青下乡等,其特点是全域普遍受到影响,但各地受影响的程度不同。

第二类是"试点"较少的政策,采用合成控制法。这一类政策的试点过程是非常独特的,仅选择一个或者两个地区作为试点,且试点地区一般都非常特殊,严格来说,没有任何一个地区与试点地区是完全相同的。合成控制法是一种数据驱动的方法,它的思想虽然难以在非试点地区找到合适的反事实参照组,但通常可以对非试点地区进行适当的线性组合,构造出一个合成的反事实参照组。

这里举三个有关重庆的例子,来方便大家理解这种特殊的政策类型。2011 年 1 月,国务院在重庆市和上海市试点房产税政策,研究者使用合成控制法评估了重庆市房产税的政策效应。2007 年重庆市被设立为全国统筹城乡综合配套改革试验区，在推进城乡经济协调发展方面进行了户籍制度、地票制度和"三权"抵押融资等诸多改革，有研究者利用合成控制法研究了重庆统筹城乡改革对城乡收入差距的影响。1997年重庆成为直辖市，研究者使用合成控制法评估了行政区划调整对"新四川"经济增长的影响。

第三类是"一刀切"的政策，适合采用断点回归设计。"一刀切"的政策门槛是非常清晰的，超过（或者低于）该门槛才会进入到政策范围。根据"一刀切"门槛的执行程度，可以进一步分为清晰断点回归和模糊断点回归。

举个清晰断点回归的例子，假设某年的高考录取线为500分，则所有大于等于500分的考生都能够进入大学，而所有低于500分的考生则无法被录取，此时，500分就是高考"一刀切"的门槛，500分以下的录取概率为0，而500分以上的录取概率跳跃至100%，录取概率在500分处发生了一个由0到1的跳跃，这就是一个清晰断点。

模糊断点回归的例子有很多，比如，在我国，男性干部年满60周岁退休，法定退休年龄60岁是一个断点，但在中国现行退休制度安排下，并非所有人都是在规定退休年龄处停止工作，有的人会因为健康状况而早退，也有一些人可能会在办理了法律上的退休手续后返聘或者找到另外的工作等。退休制度仅仅使得退休的可能性在政策规定的退休年龄处发生一个外生的跳跃，但不一定是完全从 0 直接变动到 1 的改变，所以这是一个模糊断点的例子。有研究者使用模糊断点回归方法检验了我国是否存在退休消费骤降的现象。[①]

政策评估结果一旦出来，根据不同的评估结论和情形，可能采取不同的处理方式。一是政策方案调整。政策执行的情况在经过监测与评估之后，如发生变化，就必须调整方案执行的方法、技术或程序等。我们在下一章将专门讲述这一类情况。二是政策方案持续。政策执行的情况在经过监测与评估后，政策方案的执行已达到基本的目的，便可继续执行政策方案。三是政策方案终止。政策执行的情况在经过监测与评估后，经推论，原先的问题已获得解决或问题不但未获解决反而产生更多问题时，应立即终止该政策方案的执行。四是政策方案重组。政策执行的情况在经过监测和评估后，发现问题未获解决，其原因是当初对问题界定不当、目标不明确、解决问题的方法不妥当等，则应重新建构问题，重新设计政策方案。

## 五、完善政策评估制度体系

党的十八大以来，党中央、国务院高度重视科学决策、民主决策，政策评估的意义凸显。2015 年 1 月，中共中央办公

---

[①] 参见江河：《政策评估"三板斧"》，功夫计量经济学公众号 2022 年 7 月 21 日。

厅、国务院办公厅印发的《关于加强中国特色新型智库建设的意见》明确提出,"建立健全政策评估制度"。习近平总书记在重要讲话中多次强调,重大政策的出台和调整要进行综合影响评估,要求对已形成举措、落实落地的及时跟踪评估。中央高度重视对推出的各项改革方案进行实效评估、对已出台改革方案进行评估问效。2020年,党的十九届五中全会审议通过了《中共中央关于制定国民经济和社会发展第十四个五年规划和二〇三五年远景目标的建议》,其中明确提出,"健全重大政策事前评估和事后评价制度,畅通参与政策制定的渠道,提高决策科学化、民主化、法治化水平"。除了上述中央层面的举措外,一些部门和地方也开展了政策评估工作,有的还出台了针对特定领域(或类型)政策评估的指导性文件。

实践证明,政策评估对完善有关改革方案和政策、提高改革决策和政策科学性与准确性发挥了重要作用,具有十分重要的意义。当前,国内国际环境快速变化、错综复杂,社会利益趋向多元,国家治理和公共政策制定难度不断加大。国家治理体系和治理能力现代化的推进、机构改革和行政改革的深化、政策质量的提升,要求我们尽快开展政策评估实践,探索建立政策评估制度体系。

李曜坤在《加快完善我国重大政策评估制度》一文中对党的十八大以来政策评估工作取得的成效和存在的不足做了分

析，对健全政策评估体系发出了呼吁，主要观点摘录如下：

第一，完善重大政策评估制度设计。深入贯彻落实党的十九届五中全会审议通过的《中共中央关于制定国民经济和社会发展第十四个五年规划和二〇三五年远景目标的建议》关于"健全重大政策事前评估和事后评价制度，提高决策科学化、民主化、法治化水平"工作部署，研究制定重大政策评估工作指导意见与实施纲要，明确中长期规划与阶段性工作目标。现阶段，重点以中国特色新型智库和国家高端智库体系建设为依托，围绕重大改革方案、重大决策事项、重大政策实施效果以及重要涉外谈判等内容，在行政决策系统与政策咨询系统之间建立常态化评估供需对接与工作保障机制，不断加强重点智库机构在所属政策研究领域的长期跟踪调研与评估经验积累。

第二，加强重大政策评估组织管理。加强重大政策评估工作组织管理，探索建立由决策部门牵头，由相关职能部门、重点智库、社会组织、权威专家、企业和公众代表等主体共同组成的"政策评估委员会"以及"专家咨询委员会"等组织协调机构，重点发挥其在加强评估供需对接、规范评估工作流程、促进评估机构协作、提高评估专业化水平、加强评估过程监管等方面的统筹协调作用，同时明确政策评估人员和评估机构的选择范围、选取标准与工作纪律，增强政策评估的社会公信力和公众参与度。

第三，确立重大政策评估主体职责。从国际经验看，政策评估不同阶段有不同的政策评估主体组合方式。我国可根据本国国情，结合不同阶段政策评估工作实际需要，明确不同组合方式，清晰界定各类评估主体的权责。在政策评估前期的调研和后期的成果验证阶段，可以适当提高社会性主体的参与比重；在中期的核心评估阶段，则应主要以中央指定的权威性智库和专业第三方评估机构为主开展评估。

第四，制定重大政策评估工作规范。完善重大政策评估法律法规，对政策评估原则、评估主体、评估内容、评估程序、评估结果使用与公开等规则作出规定。制定标准化、规范化、精细化的政策评估程序，重点评估政策预期成效、运行实效与产出绩效，提高政策评估的效率。鼓励和支持政策评估机构开发和创新政策评估工具，构建各领域政策评估模型，建设和完善决策咨询大数据系统，明确政策信息和数据共享的范围和路径。健全各领域政策评估的评价考核指标体系，引导各政策评估主体不断提高政策评估的质量和水平。

第五，建设重大政策评估专家队伍。在重点智库和专业第三方评估机构中培育和选拔高素质、专业化政策评估人员，形成一支政治过硬、专业过硬、数量相对稳定的政策评估人才队伍作为评估工作骨干力量。探索建立"政策评估专员"和"政策评估师"制度，在特定政策领域实行"政策评估师职业资格认证"制度,从业者须经过专门的培训和考核方可获得政策评估师资格。建设政策评估师培训学校,加强对政策评估专员和政策评估师的专业化培训教育。明确法律规范,使评估人员对其评估结论承担起法律责任。在各类评估机构间开展评估竞标工作,运用竞争机制遴选出最优的政策评估机构,同时使优秀政策评估人员有更多机会脱颖而出。结合实际需要适时引入外部专家与技术支撑人员参与特定阶段与特定议题评估,增强专家队伍构成的多样性。

第六,强化政策评估结果有效运用。将政策评估结果及时反馈给政策制定和实施的相关部门及其人员,以及时调整或纠正政策偏差,指导新的政策制定和实施。将政策评估结果与政策制定和实施的相关部门及其人员的激励约束相衔接,评估结果好的给予激励,评估结果不好的给予约束和问责。健全政府信息公开制度,将非涉密评估结果通过政府网站、权威媒体、新闻发布会等多种途径向社会公布。同时,开展政策满意度社会调查,注重听取和收集社会公众对于政策效果和评估结果的意见和建议,形成结果公开、公众评议、问题改进、政策优化的良性循环,提高评估工作的透明度,用以促进政策制定、实施和评估工作。[1]

---

[1] 李曜坤:《加快完善我国重大政策评估制度》,《中国经济时报》2022年8月25日。

还是以江小涓为例，她在中国社会科学院工作时，一直从学者角度"盯住"政府，曾对政府产业政策等政策效果进行评估。2004年，她进入国务院任职，角色虽然发生转换，但仍然对自己的决策工作进行评估；在后期工作中她也继续关注前期政策效果的评估。她在接受采访时曾经表示，政策的效果评估正是我们政府工作需要改进的一个方面。"政策出台了很多，展示政府作用时会说，你看我们做了什么，一看是一串文件名，但是出了文件不等于有实际效果。治理一定还是要体现在三阶段上，出了规则，出台新文件、新法律，都是规则在改变，但是这个文件是不是让市场主体也就是监管对象的行为有所改变呢？不一定。行为变了以后是不是实际的效果会出来呢？也不一定。所以作为决策者或者决策层里的人，应该把每个政策全面看完的。"

她认为，政府做事的对错很容易判别的阶段已经过去了，现在在制定公共政策时，应该有学术理论的支持。例如，在比较早时，政府需要给教育增加投入，因为偏远地区的学校水平太差，很多孩子接受不到有质量的义务教育。但是经过一步一步发展，虽然在农村建了很好的学校，但是很多家长却认为老师不行，带着孩子到县城上学。这时会出现农村很多学校学生不够、县城里一百人一个班的情况。这时，是否继续给教育投入是需要选择的：是尽可能把农村学校建得更好，给高薪配更好的老师，鼓励这些已经到县城甚至大城市就学的学生回到农村上学？还是认可这种趋势，让更多的学生集中在城镇、城市接受教育？这背后其实有国际经验可以借鉴，也有很多学术理论可以支撑。

还有，对大学生的资助力度一直也是个有争议的话题。其实高校已经有好几次机会能够提高一点学费来支持教育。中国的大学学费在国际上从任何比较的角度来看，都显得比较低。主张增加学费的人的理由听起来也有合理之处：在2015年之前，以低学费上学的人主要来自城市，而且来自教育背景相对较好的家庭，如大学老师、公务员家庭。如果不对个人增加收费，由财政来支持高等教育，就等于财政方面支持了这些相对高收入家庭的孩子，这是不公平的。实际上，财政上可以拿钱支持家庭经济困难的人，然后让有能力上学的家庭多支付学费，这背后是有社会理论的基础的。但反对增加学费的人认为，这样会让更多贫困家庭的孩子上不起学。无论是哪一边的意见，一听都觉得很有道理，这时候要再往深处想一想，会带来基本面、更基本面、更趋势性、更前瞻性的变化是什么？对教育、对收入分配的影响是什么？对社会阶层固化或者社会流动的影响是什么？这时，学术理论的支撑就变得权重非常大。进行这样的决策，就是在不同利益主体之间进行平衡。面对这样的问题，政府作为公众部门，要持公正的立场，关注弱势、关注稳定、关注公平是政府天生的职责。

# 第十三章　政策调整与修订

> 政策是严肃的,但是政策并非一出台就是一成不变、不可更易的。当实际情形发生变化,政策施行中出现了新形势、新情况,原有的政策就需要相应进行调整,或者取消废止,或者加以修订。

政策调整,是政策制定者依据政策评价的结论反馈的信息对政策内容予以部分或全部改变的过程,是公共政策过程中不可缺少的重要环节,实际上是政策制定过程的延续。

## 一、政策调整的背景和主要情形

政策调整的特点有两个。一是非零起点。政策调整的实质是协调政策目标与政策方案、政策环境之间的关系，消除其中的紧张关系和矛盾。政策调整是政策的再制定和再执行。二是双重优化。经过政策调整，政策目标与政策方案之间的关系得到协调，两者都得到优化。

从政策调整的原因来说，可以从客观和主观两方面加以分析。客观原因是指社会政治、经济和文化等方面情况的发展变化，即政策环境及政策问题本身的发展变化。比如，变化最明显的是我国的生育政策。从计划生育到三孩生育政策，主要原因在于人口增长速度放缓与年龄结构变化所带来的现状产生了这一正常需求。取消农业税政策之所以能够出台，在于国家财力的增长，且更多来自工业领域，而农业农村则需要"反哺"。社会保障领域的政策优化，也在于国家有更多的经济实力去补上长期以来"重积累、轻保障"的欠账。主观原因则是人们对政策问题、政策方案、政策环境等认识的深化。如广受关注的房地产政策、教育"双减"政策、资本市场政策等的调整，并非因为政策环境发生了大的质变，而在于人们对政策对象的认识发生了变化。

不管是面向社会整体，还是侧重社会的某一方面，每一项政策因其公共性，决定了它与社会、经济、民生各领域的普遍关联性。

## （一）计划生育政策

我们从中国人口政策演变"编年史"中来看看关于"生孩子"的那些政策是如何调整的。

1949年，新中国成立后，社会稳定，人们的生育意愿较高。政府也采取了宽松的生育政策，甚至效法苏联鼓励和支持生育。

1980年9月五届全国人大三次会议通过的《中华人民共和国婚姻法》第十二条规定："夫妻双方都有实行计划生育的义务。"

1982年12月五届全国人大五次会议通过的《中华人民共和国宪法》规定："国家推行计划生育，使人口的增长同经济和社会发展计划相适应。"

从此，计划生育被定为基本国策，其主要内容及目的是：提倡晚婚、晚育、少生、优生，从而有计划地控制人口。这一基本国策自制定以来，其积极作用不可忽视，但是也带来了人口老龄化问题。到21世纪之后，中国的计划生育政策作出了一些调整。

2002年9月施行的《中华人民共和国人口与计划生育法》明确规定：国家稳定现行生育政策，鼓励公民晚婚晚育，提倡一对夫妻生育一个子女；符合法律、法规规定条件的，可以要求安排生育第二个子女。

## 读懂政策

2013年11月,党的十八届三中全会审议通过《中共中央关于全面深化改革若干重大问题的决定》。决定提出,启动实施一方是独生子女的夫妇可生育两个孩子的政策,逐步调整完善生育政策,促进人口长期均衡发展。

2015年10月29日,党的十八届五中全会公报提出,完善人口发展战略,全面实施一对夫妇可生育两个孩子政策,积极开展应对人口老龄化行动。中国实施了35年的"独生子女政策",宣告终结。

2021年5月31日,中共中央政治局召开会议,指出进一步优化生育政策、实施一对夫妻可以生育三个子女政策及配套支持措施,有利于改善我国人口结构,落实积极应对人口老龄化国家战略,保持我国人力资源禀赋优势。

三孩政策,是我国积极应对人口老龄化而实行的一种计划生育政策。2021年7月20日《中共中央 国务院关于优化生育政策促进人口长期均衡发展的决定》公布。7月21日,《国家医疗保障局办公室关于做好支持三孩政策生育保险工作的通知》(医保办发〔2021〕36号)发布。8月20日,全国人大常委会会议表决通过了关于修改人口与计划生育法的决定,修改后的人口计生法规定,国家提倡适龄婚育、优生优育,一对夫妻可以生育三个子女。2022年3月5日,十三届全国人大五次会议政府工作报告提出,完善三孩生育政策配套措施,将3岁以下婴幼儿照护费用纳入个人所得税专项附加扣除，发展普惠托育服务，减轻家庭养育负担。

计划生育政策是国家统一制定的、面向全体公众的大政策，每一次调整都牵涉众广，影响深远，其背后有着深刻的经济和社会原因。除了这一类"大政策"外，我们看到更多的是一些侧重某些具体领域或者面向某些特定人群的政策。

**（二）钢铁产品出口关税调整政策**

国家大的宏观形势，经济发展的趋势变动，更多还会体现在一些具体的政策调整上。

2021年7月31日海关总署网站发布的《部分钢铁产品出口关税调整政策解读》，开头即说明了政策调整的目的和依据，以及政策调整的核心内容。如下：

为促进钢铁行业转型升级和高质量发展，根据《国务院关税税则委员会关于进一步调整钢铁产品出口关税的公告》（税委会公告〔2021〕6号），自2021年8月1日起，取消高纯生铁、铬铁出口暂定税率，恢复实施20%和40%的出口税率。

这是2021年内我国第二次调整钢铁产品关税。其背景是，我国作为全球最大钢铁生产国和消费国，当时的情况是钢铁需求强劲增长，企业产销两旺，随着海外疫情防控的形势变化和国际市场需求恢复，欧美等国际市场钢材价格飙升，拉动我国钢铁产品出口量明显增长。但是，出口低端钢铁产品，等于变相出口资源和能源。铬铁属于高耗能产品，此类产品的出口加大了国内能源消耗和碳减排压力。业界普遍认为，为确保国内钢铁供需平衡、促进绿色发展，鼓励初级钢铁产品进口，缩减钢铁产品出口，支持国内压减粗钢产量，有必要进行相应的关税调整。故而这一调整措施符合我国钢铁工业"以满足内需为主，不以出口为导向"的行业定位，进一步强化了国家政策导向。

### （三）地方产业促进政策案例

全国层面的政策调整是如此，当地方性、区域性的政策作出调整和修订时，同样是出于某些客观因素的影响，缘于某些契机，以及政策对这些影响因素的回应。

我们看一下福建省龙岩市发展和改革委员会2019年2月发布的《加快现代服务业发展十五条政策措施（修订）》。第一部分"政策修订的背景"即说明了"为什么要修订政策"这一问题，同时讲述了政策修订的过程、目的和发布程序。如下：

随着工作的推进，以及服务业模式、业态等方面的升级优化，原有部分政策已经不能适应新时代的要求了。同时，由于十五条政策措施涉及行业范围广、部门多，在实施过程中出现了个别条款设定门槛偏高、不合理等问题，在一定程度上影响了政策效应的发挥。

因此，去年以来，我委会同相关市直部门开展了服务业发展十五条政策措施实施情况的专题调研，并在政策兑现过程中同步发现问题、同步评估和征求部门意见。在此基础上，为进一步提升壮大我市服务业综合实力，使服务业成为推动龙岩市高质量发展落实赶超的"加速器"，结合我市服务业发展新形势、新要求，对政策措施进行了修订完善，让政策更具精准性、实效性和可操作性，形成了《加快现代服务业发展十五条政策措施（修订）》，经市政府常务会议研究通过，于今年2月市政府以龙政综〔2019〕21号文下发实施。

从上述的多个举例中可以看出，政策调整的内容，包括政策问题的重新界定、政策目标的重新确定、政策方案的重新拟定，同时还包括政策效力、政策主体和客体的调整。政策调整期望达到的目的和发挥的作用则在于，保障公共政策的科学化，保证公共政策的权威性、严肃性和有效性，使政策更加符合实际和受众的期待。

## 二、政策调整取得效果的必要保障

需要注意的是，政策的调整也一定会在不同程度上浪费部分已投入的政策资源，影响政策的稳定性和连续性，所以在准备进行政策调整时一定要认真研究，慎重决策，权衡利弊，妥善考虑再加以决定，不能轻率而为。否则，不但不能取得预期效果，甚至会对政策机构的形象产生负面影响。

比如，财政部 2022 年 3 月在其官网上转发了安徽省马鞍山市财政局的一篇文章——《多举措开展产业政策修订维护助力制造业三年倍增》，其中重点谈到开展产业政策修订这项工作的具体做法，从中可见政策调整并非是"拍脑袋"决策，而是要以认真细致扎实的工作作为基础。如下：

今年以来，马鞍山市财政局聚焦市委市政府实施制造业三年倍增行动计划，强化政策集成，创新工作方法，坚持问题导向，深入细致地开展政策修订工作，力求政策更加精准、更加科学。

一是组建专班修订维护。及时组建产业政策修订维护专班，牵头对现行 5 大项、131 小项产业政策逐项进行梳理，重点围绕制造业三年倍增，以问题为导向，聚焦产业政策兑现过程中、绩效评价中发现的问题，结合产业发展方向，借鉴杭嘉湖等先发地区好经验，对现行产业政策进行全面维护修订；不折不扣落实好减税降费政策，完善直达资金机制助企纾困，办好民生实事，强化基本民生保障，切实让群众有感、让企业满意。

二是聚焦制造业倍增，加大产业政策支持。认真贯彻落实《马鞍山市制造业三年倍增行动计划实施方案（2022—2024

年)》精神,在技改项目、首次新增为规上工业企业等方面提高政策奖补标准,在企业兼并重组、"专精特新"发展、加快智能化改造、优秀企业家评选等方面,制定专项政策扶持,进一步放大产业政策牵引效果,推动政策向亩均效益水平高、成长性好的优质企业倾斜。

三是强化政策集成,确保政策精准有效。借鉴沪苏浙等先发地区经验,在现有政策基础上,会同相关部门,加大政策整合清理力度,让有限的资金更多投向优质企业和项目。围绕重点产业发展和当前企业的"人、财、技"迫切需求,按"全面整合、高度聚焦"要求,将市财政扶持产业发展各项政策资金和目标任务全面统筹整合,每年统筹安排不低于5亿元规模资金用于支持企业发展。

四是紧盯政策绩效,提升资金使用效益。坚持问题为导向,强化绩效结果应用,对奖补类型相同相近或存在重复的政策条款予以整合规范,对现行政策中项目小、资金少、"撒芝麻盐"类政策予以清理,对政策效益不足的政策条款予以取消。将新增政策纳入事前绩效评估机制和绩效预期管理,形成事前有评估、事中有监控、事后有评价的产业扶持资金绩效管理体系。

政策调整要取得好的效果,政策制定主体要充分发挥能动性,加强调查研究,广泛征求意见,全面开展评估对标,需要

读懂政策

一套严密的程序和科学的方法作为保障。

举例来看,同样是财政部在其官网上转发的合肥市财政局关于修订产业扶持政策的文章(2021年6月),其中提出,合肥市财政局围绕制约企业发展的"痛点、堵点、难点"问题,创新工作方法,总结评估政策绩效,对标外地政策,深入细致地开展政策修订工作,力求政策更加精准、更加科学,更加能够切实解决企业发展面临的困难和问题,力求产业政策务实管用。涉及政策修订开展相关工作的具体内容如下:

一、问计于企,全面了解政策需求。政策修订之初,通过市税务局税企交流平台、市财政官网广泛开展网上问计于企问卷调查,并发动县区财政、税务部门上门征询企业意见,充分了解企业在融资、投资、创新、服务、环境等方面存在的困难和政策建议,作为政策制定的依据和导向。修订过程中,会同经信、科技、金融等部门开展专题调研,重点了解企业对升规入统、研发创新、上市融资等方面的政策需求。

二、绩效评价,综合评估政策绩效。在市直部门政策绩效自评的基础上,委托专家开展综合评分,设置总体绩效评价指标,完成2020年高质量发展政策绩效综合评价,作为政策修订的依据。

三、深入调研,对比分析外地政策。在网上广泛查询深圳、广州等地政策做法及对比分析的基础上,赴青岛、浦东新区、苏州开展实地调研,学习借鉴先发地区财政支持产业发展的政策措施情况,充分吸纳各项具有推动性和有效性的政策措施。

四、征求意见,吸纳企业部门建议。政策文稿拟定完成后,分阶段、分对象进行五轮意见征求,政策文本及政策条款得到了充分的锤炼,精准性、科学性、有效性得到充分的论证。

2020年5月13日—6月12日,《北京市积分落户管理办法》(征求意见稿)和《北京市积分落户操作管理细则》(征求意见稿)在首都之窗网站公示,面向社会征求意见,时间为30天。社会公众可通过网站上公布的电子邮箱提出意见建议。

积分落户政策是贯彻推动国家户籍制度改革和新型城镇化改革的重要举措,为长期在北京合法稳定就业和居住的普通劳动者增辟了一条公开、公平、透明的落户渠道。在此之前的北京市积分落户政策试行,取得了积极的社会效果,有1.2万余名申请人取得落户资格,截至当时,11189人已办理落户,随迁子女8631人,共计落户19820人。落户人员普遍呈现来京时间长、就业能力强、行业覆盖广等特点,就业和居住分值占比超过60%,其中98.6%的人员在京10年及以上,所在行业覆盖现有行业分类的80%,大学本科学历占5成,专科及以下学历占2成,符合面向普通劳动者的政策初衷。

读懂政策

政策试行期间，社会各界高度关注，积极建言献策，有关部门密切关注实施情况，持续进行总结评估。由于试行的政策已于2019年12月31日到期，有关部门对政策进行了修订。通过面向社会公开征求意见，共收到意见建议2200余条，其中既有对政策整体层面的建言，也有对具体指标层面的意见建议。对于整体政策，主要集中在希望长期执行、压缩申报时间、严格诚信监督、扩大落户规模等方面。对于具体指标，主要希望更加公平合理，涉及职住区域、纳税、教育背景、创新创业和年龄等指标。比如，有的申请人认为年龄、守法记录等指标的规定较为严格。这些意见建议为后续政策完善提供了重要支撑。

基于试行期间全过程评估，以及广泛听取民意，此次积分落户政策修订立足首都城市战略定位和经济社会发展需要，本着连续稳定、精简优化、公平公正的原则进行，在坚持政策导向不变、指标体系不变、赋分原则不变的同时，对6个导向指标进行优化调整，既总体保持了政策的连续性和稳定性，又回应社会关切，堵塞政策漏洞，使政策更科学更公平更合理。

不管采用何种方式，政策调整的目的都是为了使政策更符合实际情况和现实趋势，更好地回应社会经济发展需求和民生诉求，而回答政策是否需要调整、检验政策调整成效的标准，都要看现实需不需要，社会接不接受，人民满不满意。

## 三、从"双碳"政策优化看政策调整脉络

近年来,随着国家大力推进绿色低碳发展和生态文明建设,"双碳"(即"碳达峰、碳中和")成了热门词汇。从最初提出这一目标,到人们对其认识加深,相关表述也发生了变化,虽然总体目标一以贯之,但对于具体路径及规划确实有所不同。

在 2021 年 4 月的中央政治局会议中,重点提出"有序推进碳达峰、碳中和,积极发展新能源"。不难看出,其中的重点在于对"发展新能源"的强调。

2021 年 7 月中央政治局会议中的表述变为"统筹推进碳达峰、碳中和工作……,纠正运动式减碳,先立后破,坚决遏制两高项目盲目发展"。这一政策目标与随后发生的"限电限产"有着直接的相关性,意在纠正当时政策执行中导致企业居民生产生活用电受限的"运动式减碳"。同时又再次强调了"遏制两高项目盲目发展",即对于部分高耗能、高排放的项目的供给约束。

而在 2021 年底召开的中央经济工作会议中,再次重申了"碳中和"是个长期目标,不可毕其功于一役。提出"传统能源的退出要以新能源安全可靠的替代为前提。要科学考核,新增可再生能源和原料用能不再纳入能源消费总量控制,实现能耗双控

向碳排放总量和强度双控转变"。这也是"双碳"目标提出以来能耗考核目标的改变。

而在 2022 年《政府工作报告》中，关于碳中和的表述为："有序推进碳达峰碳中和工作。落实碳达峰行动方案。推动能源革命，确保能源供应，立足资源禀赋，坚持先立后破、通盘谋划，推进能源低碳转型。加强煤炭清洁高效利用，有序减量替代，推动煤电节能降碳改造、灵活性改造、供热改造。"

我们从 2021 年 10 月的国务院常务会议决策之后笔者所写的政策解读中，能更清晰地把握这一政策变化背后的含义。

## "一刀切"停产或"运动式"减碳可休矣

国务院总理李克强 2021 年 10 月 8 日主持召开国务院常务会议，进一步部署做好今冬明春电力和煤炭等供应，保障群众基本生活和经济平稳运行。

这次会议讨论决定的内容之所以令人关注，在于切中目下的缺气限电等紧迫民生和经济问题，也指向了能源行业发展和能源体系构建问题。

从会议的内容来看，充分体现了系统治理的观念和实事求是的态度，施行之下必能对让人揪心的能源短缺问题起到缓解之效，保障经济社会有序健康运行，在当前正渐成趋势并席卷全球的疑似能源危机面前，这也体现了党和国家高层对形势的准确研判、对民生的深度关切以及对政策的合理运用。其中，我们可以重点把握几点。

第一，秉持以人民为中心的发展立场。每年的冬季保供，从国务院到各部委和各大央企，再到各级地方政府，都要为此做大量的筹谋调度和资源组织，确保民众温暖过冬。

今年形势更趋严峻，国内电力、煤炭供需持续偏紧，多个地方出现拉闸限电，给正常经济运行和居民生活带来影响。在这种情况下，会议提出，坚持民生优先，保障好群众生活和冬季取暖用能，确保发电供热用煤特别是东北地区冬季用煤用电。加强民生用气供应，适时组织"南气北上"增加北方地区取暖用气。

政策措施既奠定了基本基调即民生优先，保障生活与取暖用能无虞，又明确了供应重点，就是发电供热用煤、民生用气等重点领域和东北地区等重点区域，还指出了具体的解困路径即适时组织"南气北上"。

第二，市场在配置资源中的决定性作用与更好发挥政府作用的结合。如何充分发挥好"两个作用"，使"看得见的手"与"看不见的手"互相协同、相得益彰，在能源这一关系国计民生的重要领域，尤显重要。

会议提出，改革完善煤电价格市场化形成机制。有序推动燃煤发电电量全部进入电力市场，在保持居民、农业、公益性事业用电价格稳定的前提下，将市场交易电价上下浮动范围由分别不超过10%、15%，调整为原则上均不超过20%，并做好分类调节，对高耗能行业可由市场交易形成价格，不受上浮20%的限制。

这些措施的背后，体现的都是放松要素价格管制的市场化改革思路，其实质就是有效运用市场化手段和价格改革措施，保证能源供应，用好价格等经济杠杆，让市场机制充分发挥作用，对市场供需进行有效调节。

与此同时，会议也鼓励地方对小微企业和个体工商户用电实行阶段性优惠政策，并要求发挥好煤电油气运保障机制作用，同时还要求，针对煤电企业困难，实施阶段性税收缓缴政策，引导鼓励金融机构保障煤电企业购煤等合理融资需求。这些都是更好发挥政府作用的体现，让政府逐步回归到宏观统筹、市场监测、外部性定价、政策调节等职能上，让每一项政策取得最大的边际效益，减少与市场行为的冲突，这是能源善治的题中应有之义。

第三，新型能源体系构建的务实路径。随着能源转型的来临，构建新型能源体系成为各方关注和热议的话题，越来越多的人盼望着早日跨过当前以化石能源为主的能源结构，一步进入清洁低碳能源为基础的新型能源体系中。尽管方向是明确的，但欲速则不达，能源转型的长期趋势、未来"多能互补、系统集成"的能源结构以及我国的产业结构、资源禀赋、社会价格承受能力以及终端用能形态等，都决定了能源的替代和转型非一日之功。

正是因为觉察到这一点，会议要求，在保障安全生产的前提下，推动具备增产潜力的煤矿尽快释放产能，加快已核准且基本建成的露天煤矿投产达产，促进停产整改的煤矿依法依规整改、尽早恢复生产。这里透露出来的政策意味是，逐步减少化石能源特别是煤炭使用的比例是确定的方向，但并不等于要在短时间内激烈快速地"去煤化"，这既不明智，也不现实。在能源供应体系当中，特别是在紧缺急需时，煤炭依然有它的一席之地。

第四，能耗管控的综合施策。能耗双控是我国推进能耗降低和能效提升的重要政策手段，在执行中在地方层面出现一定程度的偏差，某种程度上也是近期出现拉闸限电等现象的背后政策动机。能耗控制与减碳压力叠加，导致一些地方为了完成硬性指标而出台简单粗暴的措施。从这个意义上说，会议指出的政策导向是对这些行为的纠偏。

首先，从根本上说，降耗减碳要依靠遏制"两高"项目盲目发展，实现产业结构向高端升级。其次，要推动重点领域实施节能降碳改造，在主要耗煤行业大力推进煤炭节约利用。也就是说，煤炭不是不可以用，关键是要清洁高效地使用。同时，要完善能源结构，逐步提高清洁能源使用比重，在新旧接替过程中，能源消费总量和能耗并不会立竿见影减少，既不能为满足能源消费总量要求而不发展新能源，也不能无序一窝蜂发展带来更多的环境能耗问题，因此会议要求完善地方能耗双控机制，推动新增可再生能源消费在一定时间内不纳入能源消费总量。再次，要求做好有序用电管理，纠正有的地方"一刀切"停产限产或"运动式"减碳。这一政策指向非常明显。

第五，应对潜在能源危机的底线思维。眼下欧洲缺油缺气缺电，亚洲恐慌式抢购天然气，新兴经济体普遍受到冲击。其原因在于，通胀导致的能源价格大幅上涨，以及多方面原因导致的供需矛盾更加尖锐。

针对当下情形，着眼能源产供储销体系建设目标，会议提出加快推进沙漠戈壁荒漠地区大型风电、光伏基地建设，加快应急备用和调峰电源建设。积极推进煤炭、天然气、原油储备及储能能力建设。这是在潜在危机逐渐露头之时对底线思维的策略运用，也将筑牢我国能源持续安全稳定供应的坚固防线。

## 四、政策调整的提前预判及评估

政策一旦做出调整，其影响和效应就不仅仅局限于政策本身，而是具有了"外部性"，会产生波及相关领域的"涟漪效应",这是需要提前预判和加以评估的,针对可能带来的影响,提前做出筹备和安排,做到"凡事预则立"。

政策调整最为大家熟知的例子,就是2022年底,中国多地对新冠疫情防控措施进行调整,逐步恢复生产生活秩序。不少地方结合实际探索优化完善防控举措,力求使疫情防控工作更加科学、精准、高效、有温度,得到群众的欢迎。

疫情防控政策的调整除了给医疗系统、交通出行、经济活动等有直接影响的领域带来改变外,还会间接影响到很多其他方面。对各行各业来说,政策调整意味着之前的防疫政策、工作方案存在不合时宜之处,要做相应修订,使之符合新阶段防疫防控要求。否则,过时的防疫方案可能导致政策难以执行落地,而工作方案的名实分离也会使其权威性削弱。

比如,对于教育系统来说,就必须考虑到,在2023年春季新的开学季,虽然疫情防控政策有所放宽,但疫情还没有完全过去,仍然需要做好各方面条件保障,包括防疫物资保障、软硬件条件保障,避免难以应对疫情防控的突发性要求。要细化疫情防控工作方案和应急预案,做到松紧结合,既不过当过度,又不放松懈怠。在疫情期间,不少学校专门设置了学生异常情况观察区域、核酸检测单元、临时隔离场所和其他应急设施。开学之际,很多学校对这些保障条件进行排查、补充和调整,使其能在当用之时可用管用。一些学校创造性地利用各类疫情防控设施，做到平战结合和平战转换，在防疫需要时实现自如切换。

疫情防控这样全民性的政策调整，会深刻地影响到每个人，也需要每个人更好地适应政策的变化。人的心理、行为等，都存在很强的惯性。对新冠疫情严防死守达三年之久，很多人早已形成了固定的思维习惯与行为模式。一方面，三年疫情防控经验来之不易，不少好的经验和积极做法值得继续坚持。特别是在疫情期间养成的勤洗手、戴口罩、不乱吐痰、不扎堆聚集等各类公共卫生习惯，不仅有利于防疫本身，而且能更好保证身体健康。另一方面，新冠疫情对于身体的伤害是可见的，对心理的伤害却是无形的。在形势发生重大变化、政策作出调整的转型期，民众的心理调适也非常重要。既要相信科学，又要有消除成见的能力和敢于改变的勇气。比如，新冠病毒对老年人和有基础疾病的患者仍有较大威胁，对于高龄和重病患者，甚至可形成致命一击。因此按照科学防疫要求，易感人群积极接种疫苗，是做好个人调适的上策。

# 后 记

"政策",可以说是被很多人经常挂在嘴边的词语,但正如黑格尔所说,"熟知非真知"。没有多少人能把"政策是什么""政策如何制定""政策有什么作用""如何读懂政策"这些看似简单的问题讲清楚,哪怕是许多从事"政策研究"这一专门工作的人(实践中众多"政策研究"人员往往从事的是文稿起草)。

从事与政策研究相关的工作经年,也阅读过不少与此相关的读物,大多都是政策制定者事后的追记,或是学院派研究者纯理论的阐述,也有不少政治家或经济学者对若干政策的讲解与点评,但从社会公众(即政策受众)的视角,讲述如何"读懂政策"的著作一直付之阙如。坦率地讲,希望有这样一本书出现,是作者写作本书的最初念头。

政策的重要性毋庸置疑,而政策要产生良好的效果,不但需要制定者周密筹谋和科学编制,也需要大众对政策这一事物的认识、政策内涵的理解及政策要求的把握。这些都是"读懂政策"的范畴。如此，才能让看似高深、严肃的政策条文"飞入寻常百姓家"，让政策落地具备深厚的土壤，进而形成政策合力，有助于社会善治和良性秩序的构建。往小了说，社会每一个个体都不可避免地受到政策的影响，那么，了解政策，读懂政策，也是每个人生存、发展、成长等必不可少的。"读懂政策"在某种程度上来说，几乎可以等同于"读懂所处的周遭环境""读懂未来的发展趋势""读懂个人成长的机遇与挑战"……或者说，每一个现代社会公民，都具有一定的"政策素养"。本书如能在以上方面有点滴之功，作者已颇感欣慰。

本书由四位作者合作撰写，每位写作者都有与政策研究相关的工作经历。在繁忙的工作之余从事书稿写作，付出的不仅是辛劳，还有广泛的阅读、细致的梳理，以及对自身工作经历的复盘与咀嚼，唯一目的是为读者奉献尽可能深入的思考和有益的观点。

感谢华景时代、中国民主法制出版社，感谢刘雅文老师，促成了本书的出版。

由于作者水平有限，书中难免存在错谬疏漏之处，敬请读者指正。

胡森林<br>2023 年 5 月于北京